MITFÜHLEN MIT MEDEA

Bibliografische Information der
Deutschen Nationalbibliothek
Die Deutsche Bibliothek verzeichnet diese Publikation in der
Deutschen Nationalbibliografie; detaillierte bibliografische
Daten sind im Internet über http://dnb.ddb.de abrufbar.

Bibliographic Information published by
Die Deutsche Nationalbibliothek
The Deutsche Bibliothek lists this publication in the
Deutsche Nationalbibliografie; detailed bibliographic data is available in the
internet at http://dnb.ddb.de.

ISBN 978-3-98514-120-3

Originaltitel: »La compasión difícil«

Die Übersetzung dieses Buches wurde durch Unterstützung
von Acción Cultural Española AC/E ermöglicht.

Cover: Bettina Kubanek, Visuelle Gestaltung, Berlin

Verlag Turia + Kant
A-1020 Wien, Leopoldsgasse 14
Büro Berlin: D-10827 Berlin, Crellestraße 14
info@turia.at | www.turia.at

CHANTAL MAILLARD

Mitfühlen mit Medea

Aus dem Spanischen von Richard Steurer-Boulard

VERLAG TURIA + KANT
WIEN–BERLIN

Inhalt

ERSTES BUCH: HUNGER 7

GÖTTER 9
DER HUNGER 13
ANFÄNGE 16
AUFLEHNUNG 18
SCHÖN 20
PENELOPE-KALI. UMKEHRUNG 24
SUB TERRA FUGIT 28
OTESÁNEK 32
WOZU MITFÜHLEN? 37
WEIDEN 40
DER WIDERSACHER 45
DIE ZISCHENDE 48
DAS LICHT 50
DASS DAS LEBEN ETWAS GUTES SEI 52
ÜBER DEN SELBSTMORD 58
DIE GLEIPNIR-FESSEL. DER FADEN / DIE SEIDE 62
GEGENSEITIGE FIKTIONEN 68
ERZÄHLEN, WEBEN 71
TROMMELN 76
ERZÄHLEN, VORSTELLEN 79
SCHAUPLÄTZE 83
WEDER WAHR NOCH FALSCH 86
GLAUBEN 89
GLAUBEN DASS / GLAUBEN AN VON DER ANNAHME ZUM GLAUBENSBEKENNTNIS 92
GLAUBEN IST NICHT EHRWÜRDIG 98
BRILLEN 101
ES IST NICHT VERDIENSTVOLL ZU GLAUBEN 106

DER FINGER IN DER WUNDE 111
DAS GEWICHT DER GLÄUBIGEN 112
ASKESE UND GLAUBE 114
DIE GRENZEN DES ANDEREN 117
EINSAMKEITEN / DER REGEN. FÜR EINE ETHIK DES MITGEFÜHLS 120
ZOETROP. DAS TEUFELSRAD 123
NEUTRALITÄT 127
DAS TIER-IN-MIR 130

ZWEITES BUCH: MERMEROS ODER DAS MITGEFÜHL 131

MERMEROS' HAND 133
MEDEA 136
DIE OPFERUNG / DER BUND 143
LAMMFELL 150
CORDA MUTABILIS 152
ERBARMEN FÜR MEDEA 159
OHNE URTEIL 164
DIE VERGEBUNG GEHÖRT ZUM ICH 167
RESONANZ 170
DIE SCHRAMME 177

DRITTES BUCH: GESPRÄCHE MIT MEDEA 181

ERSTER AKT 183
ZWEITER AKT 193
DRITTER AKT 224
UND WAS NUN? 229

Erstes Buch
HUNGER

Heute ist wie gestern.
Am Beginn der Zeit war es wie gestern.
Das Licht der Sonne schien nicht,
der Mond stieg nicht in den Himmel.

Anonym
Mesopotamien
Ende des 3. Jahrtausends v. Chr.

GÖTTER

Sie sind gestürzt. Oder vielmehr haben sie sich niedergelassen. Sie haben ihre Flügel abgelegt. Wesen von so zwiespältiger Natur, dass sie den Tieren Angst einjagten. Sie waren so blass, dass sie im Kampf zu leuchten schienen. Es dauerte Tage und Nächte, der Mond wechselte mehrmals seinen Ort, während die fliegenden Wagen, rund wie Sonnen, über den Himmel zogen. Viele streiften, in Flammen stehend, die Baumwipfel. Andere setzten auf den Boden auf. Die blassen Wesen gingen auf zwei Beinen. Sie froren. Sie suchten Wärme und Schutz in einer Welt, die ihnen fremd war. Sie suchten Zuflucht. Sie paarten sich mit den Tieren, die ihnen am ähnlichsten waren. Das Tier, das aus ihrem Samen hervorging, nannten sie »Mensch«.

Und einer von ihnen sagte: »Folgt mir!

Ihr werdet die Erde erben

Und die Sanftmütigen werden eure Nahrung sein.«

So könnte es erzählt worden sein. So hätte es stattgefunden haben können. Vielleicht. Oder vielleicht auch nicht.

*

Nicht nur einer ist gefallen. Sie fielen in Legionen. Oder wenigstens so viele, dass sie die Welt mit einer neuen Rasse bevölkern konnten. Tiere ohne Hörner. Wehrlos. Armselig.

*

Wer waren diese besiegten Götter, die mit ihrem Samen dem Tier, das wir waren, ein wenig von ihrem Licht und das ungewisse Schicksal einer missratenen Urteilsfähigkeit boten? Wer waren sie, die uns aus Irrtum oder aus Bosheit als Mischwesen aus Unsterblichem und Tierischem, aus lebenshungrigem, verrücktem Bewusstsein und selbstverlorenem, seiner Unschuld beraubtem Tier geschaffen haben?

*

Seltsame Geschöpfe, fehlerhaft bis in ihre traurigsten Falten. Waisen des Gottes, der die große Zuchtstätte erfunden hat. Sonderbare Geschöpfe, die noch immer das Kribbeln der amputierten Flügel auf ihrem Rücken spüren.

*

An der Rückseite der Kirche Theotokos Gorgoepikoos in der Innenstadt von Athen stellt ein gemeißelter Keilstein den Sturz einer geflügelten Figur dar. Sie fällt rückwärts. Auf dem oberen Teil des Reliefs zeichnet sich ein Stück des Flügels einer anderen Figur ab, sowie zwei weitere, verstümmelte Beine. So könnte man es sehen.

Ausgehend von einem einzigen Bild können mehrere Geschichten erzählt werden. In diesem Fall ist es wahrscheinlich, dass die Geschichte eine andere ist. Es könnte sein, dass dieser Stein, der Teil eines früheren Gebäudes war, verkehrt herum eingebaut wurde. Dann würde die Figur nicht stürzen und das, was wie ein Flügel aussieht, wäre nur das Flattern ihrer Tunika. Ausgehend von einer Idee kann man sich vieles vorstellen. Die Ursprungsgeschichten sind die Geschichten, die wir erzählen, damit die Dinge irgendeinen Sinn ergeben. Der Sinn ist der Weg, den wir in der Kette der Ursachen auf der Suche nach dem ersten Glied rückwärts zurücklegen. Die Geschichten gehen wie die Vernunft von Ursachen zu Wirkungen, über Umleitungen, Abzweigungen, Irrwege.

Im Interesse unserer Geschichte ziehe ich es vor, gegen allen Anschein anzunehmen, dass die Figur rückwärts fällt und die Falten ihrer Tunika Flügel sind.

*

Nicht einer ist gefallen. Sie fielen in Legionen.

Sie formten eine kleine Statue aus Ton – oder vielleicht aus Fleisch, ich weiß es nicht –, deren Glieder sie mit den Nägeln des Begehrens stützten. Mit der Gier. Der Begierde. Mit den Formen, durch die der Hunger das Leben erhält.

Es ist nicht wichtig, ob die Nägel aus Eisen, Feuer oder Worten waren: Die Geste ist die gleiche.

*

Sie flohen. Angesichts eines solch großen Unsinns flohen die Götter und nahmen das Kind mit sich, dem beim Götterspielen das Weltall aus den Fingern glitt.

DER HUNGER

Ich weiß schon, dass es nicht auf das erste Wort ankommt, das man schreibt oder ausspricht. Was zählt, ist immer das letzte. Die Leute – die Leute? Ja, dieses vielfache, gedankenlose, einfältige Wesen – die Leute meinen, dass es auf den Anfang ankommt. Sie lehnen sich in ihren Sesseln zurück, strecken ihre Glieder und warten darauf, dass der Vorhang aufgeht. Die Geschichte. Sie warten darauf, dass die Geschichte beginnt. Sie warten darauf, dass man ihnen eine Geschichte erzählt. Es gibt keine Geschichte vom Ende her. Deshalb braucht es den Anfang. Die Leute mögen Anfänge. Deshalb werden Geburten gefeiert.

Nicht die Geburt ist das Wesentliche, sondern der Hunger. Alles Leben gründet auf dem Hunger. Und der Hunger ist der andere, die Erbeutung des anderen, der Tod des anderen.

Schaut, mit welch sonderbarem Genuss die Mütter sich dem Hunger ihrer Kinder widmen. Mit wie viel Liebe ... – Liebe? Wisst ihr, was sich hinter diesem Wort verbirgt, hinter diesen fünf Buchstaben? Natürlich nicht. Wenn ihr es wüsstet, würdet ihr es nicht aussprechen. »Wir sind die Kinder der Götter, die Götter lieben uns!«, ruft ihr. Habt ihr jemals an den dunklen Mechanismus gedacht, in den wir verstrickt sind?

Perpetuum mobile ... Wer hätte sich ein vollkommeneres System ausdenken können? Seine größte Perversität: die doppelte Anlage, mit der wir alle auf die Welt kommen. Erstens, Einhaltung der Regeln der Existenz, die die Wertschätzung derselben miteinschließt; zweitens, der Überlebenswille.

Alle, die in der Lage sind, das Rad gleichmütig zu betrachten, stimmen darin überein, dass die Verneinung des Lebens der einzig mögliche Akt der Freiheit ist; das Nein zum Leben ist die einzig mögliche Auflehnung.

Wir aber feiern die Geburten. Wir schneiden lächerliche Grimassen vor der Larve, die in ihren Windeln strampelt - das erste Leichentuch derer, die schon zu sterben begonnen haben -, die sabbert, sich streckt, sich müht, schreit. Sie schreit den Hunger heraus, der sie quält. Sie schreit den Durst heraus, den sie bereits als ihren eigenen erkennt, sie schreit den schmerzhaften Krampf ihrer Organe heraus, sie schreit nach dem Tribut, den ihr diejenige zollt, die sie gezwungen hat, geboren zu werden. Und die Mutter entblößt das weiche, geschwollene Stück Fleisch, die dunkle, löchrige Brustwarze, nähert sie diesem Mund-Schlund-Magen an und betrachtet voller Zärtlichkeit das neue Wesen, das das Lebenselixier aus ihrem Körper – seinem ersten Opfer – saugt.

*

Verfolgen wir die unendliche Kette der Ereignisse, ihre Verkettung, bis zu ihren Ursprüngen zurück. Entdecken wir in unserem eigenen Fleisch den Ort, an dem sich die Abfolgen, die ersten Spuren und die Urgewalt verknüpfen. In meinem Blut wohnt der reißende Biss der Raubkatze, die Lethargie des

Reptils, die Tarnung des Fisches in den Spalten, die elektrische Entladung des Rochens. Und der Hunger. Ein grässlicher, immer wiederkehrender, immer ungestillter Hunger.

Wie sollte man kein Mitgefühl empfinden?

Der Hunger ist der Brennstoff; der Tod die Saat. Die Welt ist die fortwährende Aufführung einer Urgewalt. Das Dasein ist das Ergebnis dieser Gewalt.

*

Mitgefühl: das, was wir von den gestürzten Engeln geerbt haben.

Schuldgefühl: das, was wir von den Göttern geerbt haben.

ANFÄNGE

Die Welt. Produktive Rückkopplung der Elemente. Selbstproduktion. Selbstreproduktion. Perfektes Räderwerk. Integrierte Bewegung. Jedes Lebewesen verfügt über ein autonomes Verarbeitungssystem (Ernährung und Ausscheidung). Jedes dient als Nahrung für andere, die wiederum anderen Nahrung bieten, bis sich der Kreis schließt. Die Autonomie als Bindemittel, als Verkettung.

Die Welt. Eine Welt. Akustische Vielfalt. Diversifizierung der projizierten Energie. Für einen Willen?

Jede Annahme ist erlaubt, jeder Glaube illegitim.

*

Klang also, wenn man so will. Klingende Materie. Modulation oder Refraktion, das ist das gleiche. Ob es das eine oder das andere ist, hängt einzig und allein vom verwendeten Sensor ab: Gehörsinn, Sehsinn, Tastsinn, Geruchssinn oder Geschmackssinn. Es gibt keine Metaphysik des Geruchs. Es gibt hingegen eine Metaphysik des Geschmacks. Das *Brahman* kann geschmeckt werden, sagte der Autor des *Tantraloka*: die Lust der Vorstellung ist der Geschmack des höchsten *Brahman*. Welche Gottheit kann gerochen werden?

*

Eine erste Vibration, eine Unruhe, ein erster Krampf, eine Erschütterung durchstößt den Raum, während sie ihn einrichtet. Die Formen als Resonanz. Für niemanden. Auch für nichts. Keinerlei Gestalt vor dem Auge. Unterschiedslos für das Auge. Nichts vorher, kein Substrat, nur eine Vibration, die sich im An- und Abschwellen ihrer Frequenz in vielfältige Klänge aufspaltet, vom Unaussprechlichen bis zu den unendlichen Modalitäten des Hörbaren. So verstand in der zweiten Hälfte des 7. Jahrhunderts Bhartrhari, den Abhinavagupta als einen seiner Lehrer betrachtete, die Entstehung der Welt.

*

Am Anfang war der Klang, sagen die alten vedischen Schriften. Im *Atharva Veda* und im *Aitareya Brahmana* wird das *vac* genannt: Urklang.

Dann kamen die Resonanzen. Und das Wort – die Tat, das Verb – wurde in Einklang dazu gebracht. Es wurde konjugiert. Ich, du, wir, ihr, sie: Pro-Nomen, die nahe am Namen sind, der den Unterschied macht.

Die Formen? Reines Widerhallen. Klangliche Analogie.

Am gegenüberliegenden Hang blieb jener unaussprechbare Klang. Umgekehrtes Wort, zurückgekehrtes Wort.

AUFLEHNUNG

Auflehnung. Hybris. Ungehorsam. Widerspruch. Das Nein zum Leben ist offensichtlich widersprüchlich. Es wird von einem lebendigen Wesen ausgesprochen. Das Nein, das nur dann hörbar ist, wenn das Leben, das es ausspricht, lebt, wird zur Waffe, das dem Leben ein Ende setzen würde, wenn das Verneinen nicht nur ausgesprochen, sondern auch in die Tat umgesetzt würde.

Widersprüchliches Reden also, unrechtmäßiges, grenzüberschreitendes. Das Nein wird an der Grenze ausgesprochen. An den Rändern, zwischen den Zeilen. Wer wider-spricht, ist weder lebendig noch tot, befindet sich, obwohl er am Leben ist, an einem Ort, an dem das Sprechen anfängliches Wort ist, Wort vor dem Wort, Resonanz-Wort, Kraft-Wort, aktives Wort. Das Wort aussprechen, das Anti-Wort, das Verb, das notwendig ist für die Umkehrung: sich auflehnen.

*

Blick zurück nach hinten, vor den Unterschieden, vor dem Vergessen.

Nicht jeder Selbstmörder ist frei. Nur derjenige, der das Leben in Auflehnung beendet. Jener, der Nein sagt. Der rebellische Engel.

Wer sich aus Trauer, aus Schmerz, für eine Idee, einen Glauben oder irgendeine Form, die die Unzufriedenheit annimmt, das Leben nimmt, ist nicht frei, sondern nur derjenige ist frei, der es tut, weil er die Absurdität des Rades, des finsteren Räderwerks, des machiavellistischen Apparats, aus dem die Lebewesen wie Weizenkörner bei der Ernte abfallen, erkannt hat.

*

Und ihr verwechselt immer noch das Gedicht mit Gefühlsduselei? Was nennt ihr Liebe, was Schönheit?

SCHÖN

Immer am Verschwinden. Kaum angekommen, schon zum Aufbruch bereit. Je nach Schicksal den Schlick, von Sonne oder Eis aufgerissenes Land überquerend. Schleift die nötigen Prothesen hinter sich her. Und die unnötigen. Die zerbrechliche Hülle, die nackte Haut bedecken, das Leder an den Gelenken der fasrigen Gliedmaßen festknoten. Körper, sagen sie für das, was sich fortbewegt. An ihn gewöhnt. An seine Ausscheidungen. An seine Peristaltik. An seine Sekrete. Mindestens zehn Öffnungen, die endlos fließen. Schön, sagen sie, das aufrechte Tier, das die äußeren Drüsen, die es zum Wuchern braucht, kaum schützen kann. Und wie viel Schlaffheit nach dem gebärfähigen Alter. Wie viel nutzlose Schwere, bis es wieder zur nährenden Weide für andere wird.

Eine vollkommene Komposition, ein autonomer Organismus. Fügsame Geschöpfe, die sich gegenseitig ernähren, ohne Verstand den Befehl des Hungers befolgen, ihren Körper zerreißen, um sich fortzupflanzen und so die Opferung fortzusetzen. Universum. Ein raffinierter Apparat, zweifellos, aber bewundernswert?

*

Wenn es etwas noch Perverseres gibt als den Mechanismus des Hungers, in dem wir gefangen sind, dann ist es diese Neigung, ihn schön zu finden. Es gibt im Menschen einen Hang zu einer faszinierten Bewunderung für die Stimmigkeit des Universums, für die subtile Zusammensetzung seiner Elemente, seine vollkommene Gliederung. Wer würde es ohne sie, ohne diese Faszination, hinnehmen, ein Rädchen in dieser großen Maschinerie zu sein?

Die Bewunderung, der verzerrte Kristall, mit dem der Verstand den unheilvollen Apparat schön findet, ist sicher Teil seines Plans. Die Bewunderung ist die Bewegung, die uns dazu bringt, uns ohne Widerrede an den Platz zu stellen, der uns zukommt. Das Urteil, das etwas schön nennt, ist nichts anderes als das Zeugnis der innigen Übereinstimmung des Bestandteils mit seiner Funktion.

»Harmonie« war das Wort, mit dem die alten Griechen die richtige Verbindung der Teile bezeichneten. Die Pythagoräer bezogen sie auf die Ordnung der Sphären. Aristoteles auf die vermeintliche Übereinstimmung des Verstandes mit der Natur. Was ist aber die Natur für den Verstand, wenn nicht die bildhafte Widerspiegelung neuronaler Reaktionen, oder um es mit den Worten eines anderen Philosophen zu sagen, das Ergebnis der Ausübung der Vorstellungskraft? Würde das menschliche Tier ohne diese tiefgreifende und programmierte Übereinstimmung mit dem System so einfach akzeptieren, sein Leben weiterzuleben?

Alles steht in Einklang mit dem Plan. Was uns anzieht, nennen wir gut, was uns abstößt, nennen wir schlecht, und was uns bezaubert, nennen wir schön. Schönheit ist die Pause, die die instabilen (sensibel genannten) Zellen benötigen, um ihre Funktion weiter zu erfüllen.

*

Es gibt aber auch Zellen, die sich nicht mit anderen verbinden können, oder die sich lösen oder einfach ihre Membranen verstärken, weil die Reibung, und sei es nur die Reibung eines Geräusches, sie stört oder schädigt. Gestörte Zellen, sagen manche, kranke Zellen. Zellen, die beschließen, ihre Funktion nicht zu erfüllen und sich zurückzuhalten. Ist ein Neuron denn etwas anderes als seine Funktion? Sie entscheiden sich, sich zurückzuhalten. Und dann hören sie das Weltall oder sein Getöse, das dort draußen dröhnt. Ein intensives, unaufhaltsames Brausen, ein ohrenbetäubender Wasserfall, von dem der Vogelgesang nur ein trügerisches Murmeln ist.

*

Die Unstimmigkeit seiner Stimme. Die Trockenheit seiner Sprache. Seine unwirtlichen Verstecke. Seine verwüsteten Gebiete. Seine Liebe zum Blut, das ohne Hunger vergossen wird, und zur Nahrung, die ohne Anstrengung gewonnen wird. Ohne den alten Geruchs- und Geschmackssinn, der ihn einst vielleicht leitete. Das menschliche Tier. Nackt in seiner Nacktheit.

Schön, sagen sie. Was ist die Schönheit, wenn nicht ein Sophismus, der uns am Leben hält und uns davon abhält, ihm ein Ende zu setzen, falls das unsere Absicht wäre?

Die Auflehnung beginnt dort, wo das Misstrauen gegenüber dem keimt, was wir für schön halten.

*

Schönheit und Hässlichkeit, Harmonie und Disharmonie sind sicherlich in jedem Fall die zwei Enden derselben Furche. Mit demselben Speichel wird das Gute und das Schlechte, das Schöne und das Unschöne diktiert. Niemand kommt am anderen Ende aus sich selbst heraus.

All dies lässt uns denken – *wer* denkt? –, dass diese Fähigkeit des Geistes zum Wahnsinn, die Fähigkeit, die Grenzen zu überschreiten, die Regeln zu brechen, sich aufzulehnen, dem Plan nicht fremd ist, sondern ganz im Gegenteil das ist, was das System selbst braucht, um rissig zu werden und zu implodieren. Eine selbstschöpferische Ausgeburt solchen Maßstabs würde die Möglichkeit ihres eigenen Zerfalls nicht dem Zufall überlassen. So wie sie die Regeln ihrer Entwicklung festlegte, musste sie auch Elemente ihrer Zersetzung einführen, die Richtlinien, die unverzichtbar sind für ihre Verwandlung.

PENELOPE-KALI
UMKEHRUNG

Von Kali habe ich schon einmal gesprochen. Notwendige Zerstörung, Zersetzung, Dekomposition der alten Melodie, der erlernten Gesten, der komplexen Verkettung und Verknüpfung, des alten Gewebes.

Die illusorische Konstruktion einer Geschichte, an die man glaubt. Die einzig mögliche, sagst du. Nein, das ist es nicht.

So wie wenn du nach langer Zeit in ein Haus kommst, in dem du gewohnt hast, und dich nicht in diesem Leben wiedererkennst, das, wie man sagt, »deines« war.

Die Weberinnen der alten Stammesgemeinschaften wissen, wie man die Fäden zusammenhält. So lange es nötig ist. Wie die Spinne wissen auch sie, wie man den unbrauchbar gewordenen Faden des Gewebes wiedergewinnen kann, um andere, neue daraus zu machen.

Das Auftrennen ist die nächtliche Arbeit der Penelope. Das Zerstören, das Abschneiden des Fadens, ist Kalis Arbeit.

Penelope: Die Fäden kehren zum Knäuel zurück. Kali: Das Blut kehrt in ihren Mund zurück.

*

Mā … Mā … Mā …, wiederholt unermüdlich der unter dem Palmblätterdach sitzende Asket.

»Es besteht kein großer Unterschied zwischen der Königin Medea und der Jungfrau Maria, beide bringen der Welt tote Söhne«, schreibt Pascal Quignard im dritten Kapitel von *L'origine de la danse*. Welche Mutter tut das nicht?

Mā … Mā … Mā …

Welcher Sohn hat nicht manchmal in den Schoß der Mutter zurückkehren wollen?

*

Mā: die große Göttin, die Mutter des Weltalls. *Mater*, *matr-*: die Matrize, der Schoß der Welt.

Die große Mutter braucht kein Männchen, um sich zu vermehren und das Universum zu gebären. Ihr genügt der Hauch, der Lebensatem, der *Purusha* des Hinduismus oder das *Pneuma* der Griechen, das im Lateinischen mit *spiritus* übersetzt wurde. Der Geist, der Marias Körper befruchtet, ist die christliche Variante der Komplementarität der Lebensprinzipien: *Purusha* und *Prakrti* im Samkhya-System, *Hyle* und *Morphe* (ὕλη und μορφή), Materie und Form in der Philosophie der alten Griechen. Die Jungfräulichkeit Marias hat im Christentum deshalb zu Interpretationsproblemen geführt, weil das Symbol ihm fremd war.

Mā … Mā … Mā …

Im Sanskrit bedeutet *mā* »messen«. *Mātrā* ist das Maß und auch die Dauer, die Zahl, die Zeiteinheit, der Anteil, das Atom. Das Gewicht und das Maß. Das Gewicht ist die Dichte oder die Beschaffenheit, die die Formen je nach der Länge des Tonintervalls, je nach seiner Dauer annehmen: sein Maß.

Mātrka: »matrizenhafte« Klänge, die in ihrer Gesamtheit den klanglichen Urschoß des Universums bilden. In der tantrischen Lehre sind sie die acht Matrizen, die den acht Gruppen oder Arten des Sanskrit-Alphabets entsprechen, den acht möglichen Arten des Vibrierens. Urmütter oder Urschöße: Klänge, die gestalten und formen, die Gestalt und Form geben. Der Unterschied zwischen dem Klang und der Form liegt im Wahrnehmungsorgan, das sie empfängt.

Als Matrizen, Kraftmuster der Welt-*Materie* sind die Mütter Energiemodulationen, die Wirkmodi der kosmischen Kraft (*shakti*). Im Shivaismus von Kaschmir ist sie die Personifizierung der ausdehnenden Vibration (*spanda*), die dem unartikulierten Urklang (*vāc*), der zu Shiva gehört, Form verleiht. Klangliche Manifestation. Das Universum ist diese Vibration. Die Wesen unterscheiden sich, weil sie unterschiedlich schnell vibrieren. Das Universum (oder seine Wahrnehmung) ist das Ergebnis dieser Diversifizierung. Diese Macht der Verwandlung der Klangenergie in hörbare und zunehmend ausdifferenzierte Klänge wird im Sanskrit mit dem Wort *māyā* bezeichnet. Die Wesen (oder die Wahrnehmungsillusion davon) entstehen aus dieser Aktivität. *Māyā* ist die mächtige Illusion, die die Bewusstseinsteilchen in der Unkenntnis ihrer Natur behält. Wenn diese Aktivität aufhört, wird die illusorische Wahrnehmung (der Formen) zerstört und die Klangvielfalt kehrt zu ihrem Ursprung zurück.

In dieser Umkehrung wird das Shakti zu Durga, der Unerreichbaren, oder zu Kali, der Schwarzen, oder zu Chinnamasta, deren Mund das Blut ihres eigenen abgeschlagenen Kopfes empfängt, oder zu Camunda, die die Armeen verschlingt. Und in jedem dieser Aspekte gibt die Mutter das, was sie hervorgebracht hat, seinem Ursprung zurück.

SUB TERRA FUGIT

Zum Ursprung zurückkehren, sagen wir. Das Urwasser. Die Quelle oder die Plazenta. Wir sagen es mit Nostalgie. Oder manchmal mit der Sehnsucht nach Erneuerung oder nach Rückkehr. Doch

Was, wenn das Urwasser vergiftet wäre? Und wenn es das seit Anfang der Zeit gewesen wäre?

Denn am Anfang war kein Engelsgesang und kein göttliches Licht. Am Anfang war der Schrei. Und der Hunger.

Geboren werden und Sterben ist derselbe Atemhauch, derselbe Schmerz. Dazwischen eine Unruhe, ein Erschaudern.

Oder vielleicht war das nicht der Anfang. Oder nur der Anfang des Unterschieds. Vielleicht waren die früheren Gewässer jene, zu denen wir, willenlos und urteilslos, in einem Augenblick der Zärtlichkeit zurückkehren, jener Fluss, der zum Kern führt. Vor den Göttern. Vor der Moral und der Ewigkeit. Vor dem Vergessen. Wer weiß?

*

Jedes Tier erkennt die Wege, die ihm von seinen Ahnen eröffnet wurden. Überquerungen der Lüfte, des Wassers, der Erde. Nur der Mensch vergisst sie. Deshalb erfindet, errichtet, erbaut er, unternimmt er Entdeckungsreisen. Wir unterscheiden uns von den anderen Arten nicht durch einen Zusatz, sondern durch einen Mangel. Die Wunde ist eine Tür, die uns den Zugang zum Davor verschließt. Das menschliche Tier hat die große Vergangenheit verloren, deshalb bleibt es in seiner persönlichen Geschichte gefangen und kreist um sich selbst wie ein Hund, der seinen Schwanz zu fangen versucht. Kurze Intelligenz, die keine andere Erfahrung als die eigene umfasst. Die Vernunft ist die Frucht des Vergessens. Ihre Errungenschaften sind der erbärmliche Beweis ihres Irrens. Das Licht, das wir so sehr schätzen, stammt nicht von den Göttern, es ist bloß eine Anpassung an die Schutzlosigkeit.

*

Das schräge Wort wiedergewinnen, das Bild der Ausflucht (*subterfugio*), welches *sub terra fugit*: das unter der Erde läuft oder flieht. Den Untergrund des Menschlichen durchlaufen wie das Wasser der Kloaken, ein Rhizom aus verdorbenem Saft, das dennoch den Ausweg sucht, zu den Wegen, die zum Ozean führen. Dieses Wort, das nichts anderes will, als zum Ursprung zurückzukehren, vor der Bedeutung, vor aller Bedeutung, vor den Unterschieden und ihren Konflikten. Diese Strömung. Dieser Auswurf mitführende Strom, der in seinem Fließen, während er zwischen den Felsen versickert, sich nach dem Land sehnt, das Wiesen, Wälder oder Steppen trägt.

*

Underground. Das Cover einer Schallplatte (Vinyl, 33 Umdrehungen, 1968) zeigt den als Widerstandskämpfer verkleideten Thelonius Monk, wie er in einer zum Versteck eines Bombenbauers umfunktionierten Scheune Klavier spielt. Handgranaten, ein an einen Stuhl gefesselter Nazi in Uniform, eine ganze Installation. Das Wort Underground wurde damals für das Widerstandsnetzwerk verwendet. Während des Vietnamkriegs bezeichnete es die Organisation, die Kriegsdienstverweigerern half, das Land zu verlassen. In den 1970ern wurde es von der Beat-Generation und anderen Bewegungen aufgegriffen, die sich gegen die herrschende Kultur richteten. *Underground.* Als die Kraft der Auflehnung in den Kanalisationen lebendig war. Als es noch möglich war, sich zu verstecken, Widerstand zu leisten.

*

Die Kraft der Anfänge wiedergewinnen. Zuwiderhandeln. Die Kraft des Widerspruchs, der Widerrede, des Dagegenseins entdecken. Den Keim der Auflehnung.

Jeden Tag, in jedem Augenblick oder ein für alle Male. Entscheiden. Den Bund erneuern: das Ja zum Leben. Im Wissen, was die Bejahung voraussetzt. Auch wissend, dass wir es nicht müssen.

Den Bund erneuern: existieren. Die Maschine in Gang halten. Verschlingen, ausscheiden, den Leichnam verarbeiten.

Oder sich auflehnen. Eine kleine Abweichung einführen, die die Harmonie ins Wanken bringt und sie ins Chaos zurückstürzen lässt.

Weiterleben ist nicht die einzige Möglichkeit.

OTESÁNEK

Sie öffnen mir die Tür ihres Hauses, sie nehmen mich auf, bieten mir an, was sie haben – Kräuter, Früchte des Gartens –, die Kinder plaudern, lächeln, zeigen mir ihre Hefte, die Jüngste kommt mit einem Buch in der Hand auf mich zu, und plötzlich ist es das Paradies, die Versöhnung, das Bündnis meines Todes mit dem Leben, und auf der Seite wird jetzt sogar das Verb konjugiert, die Sätze verbinden sich miteinander, getrennt durch Zeichen – die Kommata –, die meine Schrift verlassen hatten, als ob sich alles verschworen hätte, um dem Lauf zu folgen, damit auch ich diesen Vorgang des Daseins hinnehme, der, wenn er in Harmonie ist, sich dem Lauf der Tage anpasst, sich im Rhythmus der Stunden weitet und verdichtet wie das Licht in einer Ecke des Tisches. Ist das Nein zum Leben nur das Nein zu einem bestimmten Leben? Ist für manche ein friedlicher Aufenthalt auf Erden möglich: die eigenen Kinder aufwachsen zu sehen, bis ein beruhigtes Alter sie langsam zum längsten Schlaf führt?

Aus allen Paradiesen werden wir eines Tages vertrieben. Es genügt, den Tisch mit den Augen des Hungers zu betrachten: Tote dienen als Nahrung, auf Tellern serviert, bluttriefend. Es genügt, sich anzusehen, auf welchem gestillten Hunger die Ruhe, die Stille, die Zärtlichkeit beruhen. Es genügt, die Wildheit der

Zähne zu bemerken, die dem Willen dienen, zu existieren, zu wachsen, seinen Platz auf dieser Erde zu behaupten.

*

Ich schaute in den Fluss. Zuerst kamen zwei, zwölf, dann zwanzig, dann fünfzig. Fünfzig Karpfen, die elastische, weiß umrandete Maulmembranen öffneten und schlossen und im Inneren eine undurchsichtige, röhrenförmige Schwärze enthüllten. Otesánek, das furchterregende Maulwesen, das Jan Švankmajer sich ausgedacht hatte, das waren sie, ein halbes Hundert Maulwesen, die bereit waren, das Weltall zu verschlingen, das aus Brotkrümeln, Insekten, Fleischstücken, Fingern, Händen, Armen bestand, hungrige Mäuler, die sich in einem wässrigen Kuss aneinander festsaugten und versuchten, das Stück Nahrung zu ergattern, das jeder für den anderen ist.

– Oh, was für schöne Fische, schau wie viele und wie nett: Sie kommen zu dir, wenn sie dich am Geländer lehnen sehen, wie freundlich! – sagt die Mutter zum Kleinkind, das fiebrig herumspringt und an ihrem Arm zerrt. Der Hunger ist die Zärtlichkeit in den Geschichten, die wir uns erzählen, um weiter erzählen zu können.

*

Organismus. Ein perfekter Apparat zur Nahrungsaufnahme und Ausscheidung. Zwischen zwei Öffnungen, Rachen oder einziehbaren Mündern, ein langer Weg der Einverleibung, auf dem die Verteilung stattfindet, die Trennung des nützlichen Teils vom nutzlosen Teil, begleitet von Geräuschen, die durch den gleichen Verdauungstrakt rückwärts wieder zum Mund kommen.

Andere Wesen. Lebendige. Bis sie hineinkommen. Damit jemand überlebt. Oder weil es sich nicht vermeiden lässt. So schiebt jeder Körper seinen Tod bis zur letzten Warnung auf. Oder ohne Warnung. So oder so.

*

Nein, die Tierwelt ist nicht die Welt von Disney, es ist kein liebliches Paradies voller Bienchen, Schmetterlinge und Blätter, die im Wind dahintreiben. Sie ist Beutemachen, die unerbittliche Notwendigkeit zu töten, um zu überleben. Die junge Raubkatze, die ihre Mutter verliert, bevor sie das Erwachsenenalter erreicht und das Töten noch nicht gelernt hat, verhungert oder fällt einem anderen Raubtier zum Opfer. Nein, die Natur ist keine Idylle. Sie ist eine grausame Maschine, in der alle Geschöpfe leiden. Schöne Geschöpfe, schöne Pumas mit traurigen Augen, die uns in absoluter Unschuld ansehen. Und ich weiß nicht, wie ich den Schmerz lindern könnte.

Wie soll man mit demjenigen mitfühlen, der ohne Hunger schießt? Wo ist in ihm die Unschuld?

Gerade in seinem Vergessen. Seinem großen Vergessen.

*

Die Samen der Pappeln schweben umher, eingehüllt in ihren Staubkörper, ein Universum aus Watte, das sie transportiert und gleichzeitig schützt. An Kreuzungen treffen sie sich, verflechten sich und kommen schließlich zum Stillstand, bilden Galaxien unter einem Möbelstück oder um ein Stuhlbein herum. Sobald jemand vorbeigeht, beginnen sie ihren Tanz in der Spur dieses anderen Galaxiekörpers, der die Luft aufwirbelt.

Auf der Wiese jagt ein Mädchen – blondes Haar, breite Hüften – einen Jungen, der fröhlich und nervös schreit, hebt ihn in die Luft, und die Samen flattern, umhüllen ihre Körper in einem Tanz, in dem sie sich drehen, ohne den Schatten zu bemerken, der sich langsam auf dem Gras nähert. Das Pflanzliche, das Tierische, wo ist der Unterschied?

Alles ist endloses Hervorbringen, endloses Ausfließen, Ergießen, flüchtige Antriebe, die sich vom Schmerz nähren und ihn verbreiten.

Das Verlangen zu keimen, zu wachsen, sich dem Nichts zu nähern, das die Schale umgibt …

Alles Dasein ist die Wiederholung eines Verbrechens. Das Zerreißen der Plazenta, das Herausbrechen aus dem Mutterschoß, ist der Ritus, die Erneuerung oder die Erinnerung an ein altes Sakrileg.

*

Inmitten der Landschaft geht es immer darum, was sich wiederholt: das Gras, die Paarung, der Kampf.

Erwachen heißt auf die Welt stürzen. Immer wieder.

Stürzen. Wie zu Anbeginn der Zeit.

Mit offenem Mund, Nahrung verlangend.

Nahrungsaufnahme und Ausscheidung. Verwandlung der Weide in das Tier, das wir sind.

Unter dem Stein, geschützt vor Feuer und Geschossen, erfüllt ein Käferpaar die Verpflichtung gegenüber dem Zyklus der Jahreszeiten.

Ich frage mich, wie lange es meinem Körper noch gelingen wird, seine Organe, seine Zellen zusammenzuhalten, und seine schwierige Harmonie aufrechtzuhalten. Mein Körper: das, was ich den Toten verdanke.

WOZU MITFÜHLEN?

Wozu Mitgefühl?, fragt der Unsterbliche, mit Blut auf den Lippen. Ist es nicht das Gesetz, dem zu folgen wir alle verdammt sind? Wir ernähren uns voneinander. Wir töten andere Arten. Begehren wir denn nicht die Nahrung? Töten wir nicht dafür? Wer mit seiner Beute mitfühlt, stirbt.

*

Ich bin auf eine Ameise getreten. Sie war groß und sehr schwarz. Wegen der Trägheit und der Langsamkeit des Bewusstseins machte ich noch zwei Schritte, bevor ich stehen blieb und mich umdrehte. Ich war mir nicht sicher, ob ich sie getötet hatte – manchmal stehen Ameisen unter ihrem eigenen Gewicht wieder auf. Aber schon stürzten sich mehrere winzige Ameisen einer anderen Art auf den Körper und trugen ihn fort, so wie ich im Herbst gesehen hatte, wie sie die zerkleinerten Blätter und Kadaver einer anderen Art forttrugen. Im Kreislauf des Hungers wird nichts verschwendet. Nichts ist überflüssig.

*

Wenn du dem Tier, das du bist, Aufmerksamkeit schenktest, wenn du mit ihm zum Ursprung zurückgingst, vor allen Göttern, vor den Theogonien und Theologien, dann würdest du den Sinn der Harmonie verstehen, ihr schreckliches, furchterregendes Getriebe und die unerbittliche Verbindung aller Arten im Kreislauf des Hungers.

*

Fort von mir der Heuchler, der vorgibt, das Leben zu lieben, und der die Gewalt ablehnt! Fort von mir der Lyriker, der Naive, der Wohltäter, der Gefällige, der mit den einfachen Melodien, der Geisthändler, der Umweltschützer, der Gute! Denn das Leben ist alles andere als das. Das Leben ist Zerfleischen, die Kiefer, die sich um die Wunde schließen, das Blut, das nährt, die notwendige List des Raubtiers. Zu mir, nicht das Haustier mit Hütte und Schlafplatz, sondern die unbändige, stolze und wilde Bestie, die schläft und gleichzeitig auf der Lauer liegt, die im Freien wohnt und den Kreislauf des Lebenssaftes kennt! Zu mir, in der Stunde meines Todes, wer mich ein letztes Mal die Unschuld lehrt und unvoreingenommen das Rad gutheißt! Zu mir, das Raubtier, das arglose, das unschuldige! Zu mir, die ich war, das Tier-in-mir!

*

Wespen schwirren übers Gras. Ihr verzweifelter Eifer auf der Suche nach der Kühle der Wassertropfen. Das Schimmern des Lichts in den nassen Spuren, die deine Füße hinterlassen haben. Du gehst barfuß. Und plötzlich das scharfe Stechen an der Fußsohle. Du bist nicht darauf getreten, nicht ganz, aber sie hat den Tod gespürt, hat sich gewehrt und ist weggeflogen, als du den

Fuß angehoben hast. Kleine Wesen mit einem so zerbrechlichen Schutzschild.

Mit Schmerzen sitzt du auf dem Boden und drückst das Fleisch um den Stachel herum. Du beobachtest sie, wie sie ängstlich in unregelmäßigen, unterbrochenen Kreisen tanzen oder mit aufgerichtetem Stachel zwischen den Steinen hocken, um ein wenig Feuchtigkeit an einem Grashalm zu saugen. Und plötzlich, gerührt von dem Geschenk, das dir dieses kleine Wesen von sich selbst gemacht hat, empfindest du auf einmal eine ungeheure Dankbarkeit ihm gegenüber. Es ist sein Leben, das in dein Fleisch eingedrungen ist. Und mit mehr Kraft, mit mehr Stolz, als es irgendeiner deiner Mitmenschen hätte tun können. Der Stachel, der deine Haut durchbohrt hat, war der schlagende Beweis deiner Zugehörigkeit zu dieser Welt, die Weihe des Lebens, das nicht aus dir geboren ist, die demütige Auferstehung, die Handauflegung, die Weitergabe, das Gift des Lebens: seine dringende Notwendigkeit. Und ja, dann bist du dankbar für diesen Schmerz – den du bereits abklingen spürst – als das zarteste Zeichen des Wunders.

WEIDEN

»So wie viele Haustiere dem Menschen von Nutzen sind, also auch ist jeder einzelne Mann den Göttern von Nutzen«, heißt es in der *Brhadaranyaka-Upanishad* (1.4.10). »Wenn auch nur ein Haustier entwendet wird, das ist unangenehm, wie viel mehr, wenn viele! Darum ist es den Göttern nicht angenehm, dass die Menschen Erkenntnis erlangen.«

*

Die Götter waren nicht besonders klug. Den vedischen Schriften zufolge waren Götter und Menschen, obwohl sie getrennte Welten bewohnten, gleichermaßen dem Rad des Werdens, der Verkettung unterworfen, aus der sich die Klarsichtigsten zu befreien suchten. Dem Autor des *Natyasastra* zufolge war es die äußerste Glückseligkeit der Götter, die sie daran hinderte, sich vom Rad zu befreien, sodass sie am Ende des Kreislaufs, dessen Zeit sich in Äonen bemisst, wieder in eine niedrige Welt hinabsteigen müssen. Man kann sich nur befreien wollen, wenn man leidet.

Siddharta Gautama, der Erleuchtete, lud alle, die ihm zuhören wollten, dazu ein, die Ursachen des Leidens zu verstehen. Was er lehrte, war eine Methode, um die Verkettung der bedingten

Handlung zu unterbrechen. Was sollte Weisheit denn anderes sein als ein vertieftes Verständnis des Mechanismus des Hungers?

*

»Vermehrt euch«, sagte derjenige, der die Tiere gepaart hatte. Der Hof hatte damals viel Weideland, und so vermehrten sich die Menschen. Sie waren wild, gewalttätig. Sanftmütig nur vor ihm, unter seinem Zepter. Sie teilten das Land unter sich auf, wie es ihnen gesagt wurde, unterwarfen die Tiere, die nicht von ihrer Abstammung waren, versklavten sie, bedienten sich an ihnen, sättigten sich an ihnen und rotteten die aus, die ihnen nicht nützlich waren.

»Geht und vermehrt euch, mein Volk. Denn wenn wir zahlreich sind, können wir die anderen Götter besiegen. Mein wird die Macht sein«, sagte er.

Und sie vermehrten sich. Sie wurden schlauer und vergesslicher. Dadurch glichen sie die Last des Blicks aus.

Homo obliviosus, schrieb Michel Serres. Vergessen des Gesetzes, das im Kreislauf des Hungers das Leben durch den Tod erhält. Vor jenem Krieg. Vor dem Urteil und dem Zweifel. Die Moral ist Zeugnis dieses Vergessens.

*

Was uns von den anderen Tieren unterscheidet, ist nicht die Intelligenz, sondern die Fähigkeit, Entscheidungen gegen die Ordnung des Systems zu treffen. Das erkannten die Götter und erschauderten. Sie waren unaufmerksam geworden und hatten die Sorge um jenen Baum vernachlässigt. Und einer von ihnen bot seine Frucht den nackten Geschöpfen an. Weil er sich ihrer erbarmte. Oder um sie gegen seine Feinde einzusetzen. Um den Fehler – das Laster oder die Tugend – ins Programm einzuschleusen, der auf lange Sicht die durchdachte Ordnung des großen Experiments zerstören wird.

Die verbotene Frucht: die Fähigkeit des Bewusstseins, den Blick umzukehren und auf sich selbst zu richten.

Seht den Menschen, der wie einer von uns geworden ist, weil er Gut und Böse erkennt!, rief einer von ihnen.

Wovor fürchteten sich die Götter? Was war die Nacktheit, für die die Geschöpfe sich schämten, als sie einander ansahen? Welche plötzliche Einsicht oder welches neue Bewusstsein ließ sie plötzlich die Naivität und Unschuld sehen, wodurch sie zu Komplizen wurden? Die Erkenntnis des Rades, unsere traurige Einwilligung darin, Teil davon zu sein, unser ausgelieferter, geknechteter und verdorbener Wille. Wer würde sich bei diesem Anblick nicht schämen?

In allen Tyranneien ist die Intelligenz die verbotene Frucht.

Die Übertretung, die echte und einzig mögliche Übertretung ist diejenige, die in irgendeinem Glied der Maschinerie eine Störung hervorruft, die in der Lage ist, das ganze System zu zerrütten.

»Geht und vermehrt euch!«, war der Befehl. Die Stimme war die Stimme desjenigen, der Körper für seine Armeen und Sklaven brauchte, um auf seinem Thron zu bleiben. Dem Befehl zuwiderhandeln, also. Die Fortpflanzung verweigern. Nicht aus Rache oder aus Hass, auch nicht aus Unzufriedenheit oder Trauer, sondern als Ergebnis einer ethischen Übung, der Unterbrechung des pulsierenden Organismus.

*

Verzichten. Übertreten ... *Wer* übertritt eigentlich? Welcher Wille? Was für ein feierlicher Stolz, zu glauben, dass wir aus dem Programm ohne weiteres aussteigen und von außen den Kampf organisieren könnten. Wenn das System das aufsässige Individuum für schädlich hielte, würde es es nicht sofort ausstoßen, bevor seine Absichten umgesetzt werden können? Und wie kann man sicher sein, dass diese Absichten seine eigenen waren? Was ist das »Eigene«? Wäre es nicht viel eher das Ergebnis der Übereinstimmung zwischen unserem kleinen Willen und dem Bedürfnis des Systems, einen Zyklus zu beenden, das Schließen von Brahmas Augenlid, die Implosion, die auf jede Ausdehnung folgt, nachdem diese ihren Höhepunkt erreicht hat?

Es ist töricht zu denken, dass wir einen Zipfel von Freiheit in dieser Sache halten können. Alle Erscheinung ist Bedingtsein. Jeder Entscheidung und jeder Handlung geht eine Ursachenverkettung voraus, egal ob wir ausharren oder aufgeben. Kann die

Logik vielleicht so neutral sein, dass sie sich jeglicher Bestimmung entzieht? Was ist »neutral«?

*

Groll, ja. Nicht gegen die Geschöpfe, deren Taten nur das Ergebnis eines komplexen Komplotts sind, an dem alle teilhaben, ohne es zu wollen und ohne es zu wissen. Nicht gegen sie, nein, sondern gegen einen hypothetischen Demiurgen, einen Schöpfer, der nicht selbst das Geschöpf eines früheren Schöpfers ist, einer höheren, exzessiveren und feurigeren Intelligenz. Ein Schöpfer, so wie ihn sich die Hebräer vorstellten, allwissend, allmächtig. Was würde ich nicht dafür geben, dass ein solcher Schöpfer existiert, gegen den ich meine Waffen und meine Legionen wenden könnte!

Die blutrünstigste aller Arten ist nach seinem Bilde. Nach dem Bilde des Demiurgen, der die hassenswerte Maschinerie erfunden hat. Hoffentlich existiert ein solches Wesen, dem man sich stellen und das man zur Rechenschaft ziehen kann: Ich wäre Anhängerin des Teufels, ich wäre die Widersacherin!

Nein, wir haben Schöpfer nicht aus Furcht erfunden, sondern um dem Elend eine ursprüngliche Wohnstätte, ein Haus zu errichten, ein Heiligtum, vor dem wir den Zorn ablegen können – und den Groll.

DER WIDERSACHER

Aristoteles berichtet, dass es in den ältesten Demokratien üblich war, denjenigen aus der Gemeinschaft auszustoßen, der sich durch Verstand oder Weisheit auszeichnete, damit er nicht die Regierung derjenigen in Gefahr bringe, die die Versammlung bildeten – die *Demoi*. Die Mehrheit fühlt sich in Gefahr, wenn die Stimme eines Weisen hörbar wird. Alles, was Licht trägt, ist gefährlich.

Die Hebräer nannten den aufsässigen Engel »Widersacher« (*Satan*), weil er die Interessen der Mächtigen, denen sie dienten, gefährdete.

Wie leicht verwandelt sich das politisch Unerwünschte ins moralisch Unerwünschte! Mit welch boshafter Geschicklichkeit lassen wir moralische Normen (das, was sich gehört, und das, was sich nicht gehört; was geschützt werden muss und was nicht; was gezeigt wird und was verborgen) in den virtuellen Raum göttlicher Normen gleiten! Wie leicht drückt sich die Angst in der Konvention aus.

*

Geächtet wurde, wegen seines Glanzes, jener unter den Mächtigen, der das Verborgene aufdeckte.

Geächtet und ausgestoßen aus dem Reich, damit die Götter besser herrschen. Von der Mehrheit verurteilt, damit diese Mehrheit die Macht behalte.

Der Alchemist, der Magier, kennt die Geheimnisse, das Rätsel des Lebens, die gewundene Doppelhelix, den verborgenen Code. Kenner der Quellen, unseres vergessenen Ursprungs.

Satan, der Widersacher, der Mitfühlende, besiegt und vertrieben, weil er das Geheimnis des Quecksilbers preisgeben wollte, die Vervielfältigung der Bilder, die Herrschaft über die Jahreszeiten, die Kunst der Häutung und der Verwandlung.

*

Prometheus schenkte uns das Feuer. Satan die Erkenntnis. Beide wurden bestraft.

Im ersten Jahrzehnt dieses Jahrhunderts verbreitete eine Enthüllungsplattform im Internet verbotene Informationen. Das Reich des Pentagon geriet ins Wanken. Mitarbeiter wurden festgenommen, der Drahtzieher musste fliehen.

*

Ô Satan prends pitié de ma longue misère, rief Baudelaire, dem 1857 vom Innenministerium (damals Ministerium für öffentliche Sicherheit) der Prozess gemacht wurde, weil er mit seinen Gedichten die religiöse Moral und die guten Sitten beleidigt hatte. Du, der Todgeweihten gibt den Blick voll stolzem Trotz, ein Volk verdammend von der Höhe des Schafotts, erbarme dich! Stab der Verbannten, leuchtender Stern der Erfinder, Ziehvater der Elenden, Tröster der Verlassenen, Kenner des Kummers und der unterirdischen Reiche, erbarme dich! Fürst des Exils, der aus jeder Niederlage gestärkt hervorgeht, *prends pitié …*

Luzifer, der Lichtträger (*lux-fero*), der Verbannte. Luzbel: der Herr (*bel*) des Lichts (*luz*), der eine unter allen *Dyeus*, den leuchtenden Göttern des Tages, der die Finsternis erhellen wollte.

Jede Tyrannei erzeugt Auflehnung. In einem Königreich, das an den Ausläufern des Indus liegt, am Fuße des Berges Kailash, forderte der aufsässige und mitfühlende Shiva die Götter heraus. Der aus dem Himmel vertriebene Gott, dessen dunkelblaue Haut die Erinnerung an das Gift bewahrte, das er geschluckt hatte, um das Universum zu retten.

Shiva, der Zerstörer der göttlichen Ordnung und ihrer ausgrenzenden Hierarchien. Er hörte auf den Namen *Prajapati*: der Vater (*pati*) der Geschöpfe (*praja*), der Herr der wilden Tiere, deshalb mit einem Tigerfell bekleidet und in den Tiefen des Waldes lebend. Derjenige, der herabsteigt, aus Mitgefühl zu uns herabsteigt. Shiva, der Beschirmende. Der Feind, der Ausgestoßene, der Aufsässige.

DIE ZISCHENDE

Die weise Frau wurde auf andere Weise verbannt: zurückgezogen oder isoliert an einem schwer zugänglichen Ort, war sie Priesterin, *Oraculum* (diejenige, die spricht, Weissagerin) oder *Sibylla* (diejenige, die zischt, *silba*), Beraterin, Vermittlerin, Prophetin, aber niemals Rivalin. Anders, höher, aber fern und fremd.

Land- oder Wasserschlange, diejenige, die zischt (σίζω), die pfeift, die weiß.

Die Schlange: das heilige Tier der Matriarchaten, verehrt in den alten Ländern des Südens und verflucht von den Patriarchaten, die ihre Macht begehrten.

Mussten sich die Patriarchen so sehr gegen die fruchtbaren Göttinnen wehren, gegen ihr Wissen um die Zyklen, ihre Meisterschaft im Zuhören, in der Weissagung und in der Heilkunst? Hatten sie so viel Macht, so viel Wissen, dass sie den Männern der damaligen Zeit so ungelegen kamen?

*

Willkommen sei diejenige, die in der Lage ist, dem Abgrund der Existenz ins Auge zu blicken. Jene, die sich weder von Feuerwerken und närrischen Feiern ablenken lässt, noch ihr Gesicht hinter der anpassungsfähigen Maske der Konvention versteckt. Willkommen sei jene, die es versteht, mit der Schlange zu kriechen, mit der Fledermaus blind zu fliegen und mit dem Kopf nach unten in den Sack der eigenen Flügel eingewickelt zu schlafen, mit den wilden Tieren die Beute im Wind zu erschnüffeln und sie ohne Zorn zu zerfleischen, mit den Eidechsen zu schlummern, mit dem Bären Winterschlaf zu halten. Willkommen sei jene, die ihren Tod annehmen wird, wie sie ihr Leben angenommen hat, ohne um Gnade zu bitten, ohne das Warten zu verlängern.

DAS LICHT

»Höre, du halb erstorbener Engel, ich bin wie du und habe kein größer Licht in meinem äußerlichen Wesen als du«, rief Jakob Böhme (*Aurora*, XI, 67).

Das Licht. Ja. Jedes Lebewesen braucht es so sehr, dass es zur Metapher für Gott wurde. Auch die Dunkelheit ist notwendig. Wisset das!

Wer sind eure Götter? Sie bevölkerten diese Welt vor uns. Oder vielleicht bevölkerten sie sie nicht, sie stürzten einfach herab. Ihr habt einen von ihnen erwählt und seid ihm nützlich gewesen. Er bediente sich eurer, ihr naiven Geschöpfe, die schnell und leicht verehren.

Mit ihnen mitzufühlen ist schwierig.

Warum betet ihr sie immer noch an? Seht ihr nicht, dass sie euch schon vor Jahrhunderten verlassen haben? Kleine Menschlein, ohne Anmut, ohne Begabung, mit einem verfluchten Erbe. Ohne Licht.

Die Götter brauchen Licht. Es ist der Schirm, der sie vor euch schützt. Das Licht verbirgt die Geheimnisse des Quecksilbers. Wer sie erkennen will, muss in die dichteste Finsternis vordringen, muss seine Ohren verstopfen, muss seinen Verstand zur Ruhe bringen, den unterscheidenden, den immer hungrigen Verstand. Die Finsternis ist die Pforte.

Ja, das Licht. Es ist Licht. Am Ende des Tunnels. Vor allem ist da der Tunnel. In dem wir wohnen, die Hoffnung auf unseren Lippen, wie im Winter der Tau auf den traurigen, späten Blütenblättern. Und der Mund, der Schlund, ist immer bereit, die Nahrung zu verschlingen und sie in unfruchtbaren Worten wieder auszuspucken.

Das Licht, sagte er. Selten. Schmutzig. Wie zertretener Schnee in der Stadt, wenn die Kälte nachlässt.

DASS DAS LEBEN ETWAS GUTES SEI

Das Leben ist gut, sagt man. Und man meint damit sogar gesunden Menschenverstand zu beweisen. Aber ist es wirklich so? Mir fällt kein einziges stichhaltiges Argument ein, warum das Leben gut sein sollte. Einer der Nachteile des Geborenwerdens besteht darin, dass der Überlebenswille uns nur selten verlässt, aber das ist kein Argument, sondern eine Feststellung. Dass das Leben gelebt werden will, bedeutet nicht, dass es gut ist. Wir schlucken bereitwillig, was uns am meisten schadet.

*

Vielleicht solltet ihr diejenigen fragen, die sich dafür entscheiden, dem Leben ein Ende zu setzen, weil sie es unerträglich finden, diejenigen, die es aus Angst oder Trägheit fortführen, obwohl sie es elend finden, diejenigen, die am Leben bleiben, damit andere weniger leiden. Schaut euch um, seht das Leid, die Unruhe, die Gewalt, die Hilflosigkeit, die Angst, das unausweichliche Verschwinden der Geliebten, das wilde Töten, durch das wir uns am Leben halten ... Das Leben ist gut? Entschuldigt, aber ich kann das unmöglich so sehen. Es gibt zu viel Schmerz in dieser Welt, als dass ich das so sehen könnte, und kein Glück, das ihn in der Endabrechnung aufwiegen könnte.

*

Es gibt nur wenige Prinzipien, die zwar a priori so vehement verteidigt werden, in der Praxis aber so schwach und fadenscheinig sind wie der Grundsatz, dass das Leben an sich gut sei. Eine solche Schwäche sollte ausreichen, um seine Zuverlässigkeit als ethisches Axiom in Zweifel zu ziehen. Dass das Leben erhalten werden muss, scheint nicht immer zu gelten, und noch weniger scheint es für diejenigen zu gelten, die das Axiom befolgen sollen. Bei jedem Angriff wird das Leben des anderen zum Ziel, das es zu vernichten gilt. An diesem Punkt ist es leicht, vom Allgemeinen zum Besonderen überzugehen. In erster Linie geht es darum, das Leben bestimmter Menschen zu bewahren/sichern, das der »Unseren«, der uns Ähnlichen und Nächsten, nicht das Leben an sich. Die Maxime müsste also verändert werden: Was als gut angesehen wird, ist nicht das Leben an sich, sondern das *eigene* Leben, das unsere und das Leben derjenigen, die es im unmittelbaren Kreis dessen bewahren, dem wir uns zugehörig fühlen.

Wenn dies der Fall ist, dann fällt der Grundsatz, das Leben sei gut und müsse unter allen Umständen verteidigt werden, in sich zusammen, denn wenn das so wäre, welcher Unterschied bestünde dann zwischen dem Leben derer, die drinnen sind, und dem Leben derjenigen, die draußen sind, derjenigen, die hier sind, und derer, die jenseits sind, dem Leben derjenigen, die angreifen, und dem Leben derjenigen, die sich verteidigen, dem Leben des Opfers und dem seines Angreifers, des Verbündeten und des Feindes – wenn es denn solche Unterschiede überhaupt gibt, sobald man aufhört, von der einen oder anderen Grenze, Seite oder Absperrung aus zu sehen?

»*Le premier progrès d'un esprit saisi d'étrangeté est de reconnaître qu'il partage cette étrangeté avec tous les hommes*«, schrieb Albert Camus in *Der Mensch in der Revolte*. »Der erste Fortschritt eines von der Befremdung befallenen Verstandes ist demnach, zu erkennen, dass er diese Befremdung mit allen Menschen teilt und dass die menschliche Realität in ihrer Ganzheit an dieser Distanz zu sich selbst und zur Welt leidet.«

*

Dass das Leben ein Zweck an sich sei, ist erst recht zu bestreiten. Offensichtlich sind die Zwecke in unserer Gesellschaft anderer Natur. Das Leben von vielen, von sehr vielen anderen ist ihnen untergeordnet, von denen (weniger ähnlichen), von denen wir uns ernähren, bis zu den jenen (ähnlicheren), die wir versklaven, oder jenen (ebenfalls ähnlichen), die wir ausrotten.

In der Regel ist dem, was wir für unsere Belange halten, enge Grenzen gesetzt. Die Gruppe, die wir als unsere eigene anerkennen, ist klein. Aber alle Organismen, die Universen in anderen Universen, Galaxien in anderen Galaxien sind, wiederholen das gleiche Muster. Wenn wir unseren Blick weit genug ausdehnen und die Grenzen unserer Zugehörigkeit anpassen würden, würden wir dann nicht auch das Beutemachen anders beurteilen?

Wenn die Ethik Gerechtigkeit und Vernunft ist, dann ist es nicht ethisch, anzunehmen und zu verstehen zu geben, dass ein Mensch mehr Recht auf Leben hat als irgendein anderes Lebewesen, oder dass seine Spezies wichtiger oder wertvoller ist als andere. Die Überlegenheit, die wir uns selbst zuschreiben, ist ein mythisches Erbe. Möge der Tag kommen, an dem wir fähig sind, alle Unterschiede mit einem einzigen Blick zu umfassen, so wie Kinder es tun, bevor sie erzogen werden. Vielleicht werden wir dann, wenn wir vom Thron herabsteigen und uns ohne Waffen umsehen, verstehen können, was uns ähnlich macht, und dass es nicht der Hunger ist.

*

Die Grausamkeit derjenigen, die in der Überzeugung, im Recht zu sein, den Betrübten daran hindern, seinem Leben ein Ende zu setzen, entspringt dem Wert, den man dem Leben beimisst. Es ist wahrscheinlich überzeugender, dem Sklaven zu verbieten, sich das Leben zu nehmen, wenn dies in ein religiöses Gebot gekleidet wird. Wer den Kodex befolgt, weiß in der Regel nichts von den Gründen für dessen Entstehung und von der Gewalt, die in denen steckt, die vorgeben, die Gewalt zu bekämpfen.

*

Das Leben als gut oder schlecht zu betrachten, befreit uns selbstverständlich nicht vom Leiden. Offensichtlich sind das Bewertungen, die abhängig sind vom Wohlgefallen oder Missfallen, das uns das Dasein bereitet, von unserem Leiden, von den Meinungen und Ansichten, ausgehend von denen wir unsere Urteile fällen, und abhängig von den groben oder subtilen Überlegungen, die sie verstärken. In jedem Fall sind wir im Allgemeinen recht wenig objektiv. Niemand kann jedoch bezweifeln, dass, wie der weise Gautama schon im 6. Jahrhundert vor unserer Zeitrechnung festgestellt hat, alles Dasein zu Schmerz führt. Und es wird wenig nützen, auf die Idee zurückzugreifen, dass das Leiden – und das Universum selbst – illusorisch sein könnte, denn solange der Leidende Teil des Hungers ist, wird der Schmerz für ihn immer wirklich sein.

*

Das ist die Stimme der Dekadenz, wird man sagen. Und das ist völlig richtig. Ja, das ist die Stimme der Dekadenz. Wie sollte sie das nicht sein? Nur der Geist einer dekadenten Gesellschaft kann das Leben als ein Übel ansehen. Jüngere Gesellschaften haben den Instinkt der starken, widerstandsfähigen Gattung. Sie pflanzen sich fort. Und hier stimmt Nietzsche, sonderbarerweise und unfreiwillig, mit dem Gott Abrahams überein: im Ja zum Leben. Nietzsche rühmte, schätzte den Instinkt. Die Fortsetzung der Gattung. Die Nahrung der Götter.

Ja, ich bin der Geist dieser Epoche. Lest meine Worte nicht mit den Brillen anderer Zeiten.

*

Dekadenz: das Alter der Welt. Die große Entropie, die notwendig ist, damit sich das Universum zusammenzieht. Zerstreuung der Energie-Klänge, um das Gleichgewicht wiederherzustellen.

Brahma schließt seine Augenlider.

Was sind wir letztlich? Welche Götter kümmern sich um den Wert, den wir dem Leben beimessen?

Das Tier verendet. Ein neues Zeitalter nähert sich.

Seien wir Holzwürmer, seien wir Larven, nisten wir uns ein in den morschen Baum der Gemeinschaft. Mögen seine Späne die unteren Welten nähren.

ÜBER DEN SELBSTMORD

Manchmal begehen Tiere Selbstmord. In den Achtzigerjahren fanden die Wärter des Doñana-Nationalparks häufig junge Luchse in Brunnen. Sie schlossen aus, dass es sich um wiederholte Unfälle handeln könnte. Das Revier, das ein männlicher Luchs benötigt, ist beträchtlich. Das Gebiet konnte nur wenige Exemplare beherbergen, sodass viele Tiere, als sie das Erwachsenenalter erreicht hatten, die Grenzen überschritten und auf der Straße überfahren und getötet wurden. Andere haben einfach einen Brunnen gefunden.

*

In früheren Jahrhunderten galt es als bewundernswert, wenn jemand fähig war, sich den Tod zu geben. Mit »Würde«, standhaft, selbstbeherrscht zu sterben, galt als eine der größten Tugenden. Die Fähigkeit, Selbstmord zu begehen, war ein Beweis der höchsten Freiheit. Die Ethik des Stoizismus, die von den Romantikern und den Philosophen des deutschen Idealismus aufgegriffen wurde, hat nicht wenige Zeugnisse davon hinterlassen. Das heißt jedoch nicht, dass dies das ist, was den Menschen am meisten kennzeichnet, sondern vielmehr ist es das, was er vergessen hat. Sterben ist etwas, was die Tiere besser können als alle anderen. Sich sterben lassen, was eine Form von Selbstmord ist, wenn die Lebensbedingungen nicht stimmen, ebenso. Dem Menschen ist es dagegen eigen, trotz absolut und unabwendbar widriger Umstände stur weiterzuleben.

*

Voltaire: »Hundertmal wollte ich mich umbringen, und dennoch trug die Liebe zum Leben über diesen Entschluss beständig den Sieg davon. Diese lächerliche Schwäche ist vielleicht einer unsrer traurigsten Triebe. Denn gibt es was Dümmeres, als sich fortwährend freiwillig mit einer Last zu schleppen, die man beständig zu Boden werfen möchte? sein Dasein zu verabscheuen und sich doch daran festzuklammern? die Schlange zu liebkosen, die uns verzehrt, bis sie uns das Herz abgefressen hat?«

*

»Die Menschheit wird überschätzt«, stand auf seinem T-Shirt. Seine Mitschüler hatten keine Zeit, es zu lesen, als er ins Klassenzimmer trat und sie erschoss. Der junge Finne war achtzehn Jahre alt. Das war am 7. November 2007, zu Mittag. Das Licht war grau in Tuusula, ein paar Stellen des Parks waren schneefrei.

Gestern überfuhr ein Lastwagen an die hundert Personen. Die überfahrenen Personen waren am Feiern. Der Fahrer des Lastwagens feierte auch.

Manchmal ist es schwierig, sich alleine umzubringen.

*

Wenn Prozessionsspinner Kiefern befallen und sich von deren Saft ernähren, bis sie ausgelaugt sind, nennen wir das eine Plage. Wenn der Mensch den Planeten bis zur Erschöpfung aussaugt, nennen wir es Notwendigkeit. Werden wir, wie die Raupen, wenn sie die Kiefern verlassen, dem Planeten den Saft hinterlassen, den er braucht, um wieder zum Leben zu erwachen, wenn unsere Spezies verschwunden sein wird?

Als naiver Mensch denke ich, dass unsere Spezies von den anderen getrennt ist. Aber es gibt hier keine Trennung. Niemand kann ungestraft das Gleichgewicht des Rades unterbrechen, nicht solange der Hunger das Gesetz und die Ursache seiner Bewegung ist.

*

Die Erziehung zur Achtsamkeit und zum Verständnis der gemeinsamen Verletzlichkeit war und ist ein schätzenswertes Projekt für das Zusammenleben in einer besseren Welt. Eine bessere Welt?

Der Planet ist wie alle seine Bewohner ein einziger vibrierender Körper. Und das ist nicht wunderbar, wie manche gerne glauben wollen, sondern schrecklich. Denn es widerspricht dem Willen eines jeden Individuums, das darauf abgerichtet ist, auf Kosten anderer zu überleben, notfalls auf Kosten der eigenen Kinder, über ihre Leichen hochzuklettern, um den Rest an Sauerstoff zu atmen, der in der Gaskammer noch übrig ist.

In dieser Welt ist Frieden keine Option. Nichts innerhalb ihrer Grenzen ist sicher. Nichts ist von Dauer. Ein an der Vergänglichkeit geschultes Bewusstsein und ein entsprechender Wille können jenseits des Blutes, beim Zerfleischtwerden oder während der Körper zum Abgrund gleitet, die nötige Gelassenheit finden, um die auferlegte Ordnung hinzunehmen. Wenn wir uns aber bewusst werden, dass das Dasein die Fortsetzung einer Urgewalt ist, dann müssen wir wissen, dass wir uns daran mitschuldig machen, wenn wir weiterleben. Wenn uns ein bestimmtes moralisches Gefühl quält, dann müssen wir entscheiden zwischen der Hinnahme des Lebens und seiner Ablehnung. Natürlich befreit uns keine der beiden Optionen von der Gewalt: Wenn wir das Leben annehmen, nehmen wir die Gewalt in Kauf, wenn wir es verneinen, üben wir Gewalt aus. Vor die Wahl gestellt und im Sinne der Sparsamkeit, ziehe ich die zweite Option vor.

DIE GLEIPNIR-FESSEL
DER FADEN / DIE SEIDE

»Also bin ich nicht der Herr meines Lebens«, schrieb Kierkegaard in seinem *Diapsalmata*. Ich bin »einer der Fäden, die in den Kattun des Lebens hineingesponnen werden sollen! Nun immerhin: kann ich auch nicht spinnen, so kann ich den Faden doch durchschneiden.« Aber Kierkegaard durchschnitt den Faden nicht. Er starb an seinen zahlreichen Leiden im Alter von zweiundvierzig Jahren. »Was ist's, was mich fesselt? – Woraus war die Kette geschmiedet, mit welcher der Fenriswolf gefesselt wurde?«

In der skandinavischen Mythologie ist Fenris (oder Fenrir, »der Bewohner der Sümpfe«) der Name eines äußerst starken Wolfes, Sohn von Loki und Angrboda, der Eisriesin, den die Asen aus Furcht vor der Prophezeiung, die ihren Untergang ankündigte, in Ketten legen ließen. Der Sage nach, die der isländische Skalde Snorri Sturluson zu Beginn des 13. Jahrhunderts überlieferte, zerriss der Wolf die Ketten, indem er einfach daran zog, so dass die Götter nach zwei erfolglosen Versuchen die Elfen beauftragten, eine dritte, viel stärkere Fessel herzustellen. Die Gleipnir-Fessel, wie sie genannt wurde, war ein langes, seidenes Band, das aus unmöglichen Dingen bestand: dem Geräusch der Schritte der Katze, den Bärten der Frauen, den Wurzeln der Berge, den Sehnen des Bären, dem Atem der Fische und dem Speichel der Vögel.

Wie der Fenriswolf »bin auch ich mit einer Kette gefesselt, die aus düsteren Einbildungen, schreckhaften Träumen, unruhigen Gedanken, bangen Ahnungen, unerklärlichen Beängstigungen geschmiedet ist. Diese Kette ist von sehr großer Geschmeidigkeit, weich wie Seide, der stärksten Anspannung nachgebend und gar nicht zu zerreißen.«

*

Der Seidenfaden ist der Gedankenstrom. Illusionen, Träume, Gedanken, Vorahnungen, Ängste sind die Bestandteile, die ihn spannen und lockern und denjenigen, der Ich sagt, mal oben mal unten, in ein senti-mentales/gefühls-geistiges Knäuel verstricken. Für das Bewusstsein, dem es gelingt, seine Bewegung zu beobachten, sind alle diese Elemente von gleicher Natur, die Unterscheidungen sind nur formal. Die Farbe des Fadens ändert sich, aber es ist derselbe Faden. Hätte der Wolf die Täuschung erkannt, hätte er den illusorischen Charakter dieser Bestandteile, ihre absurde Konsistenz bemerkt, dann hätte sich die Kette in Luft aufgelöst. Die Macht der Täuschung besteht darin, uns glauben zu lassen, dass in all dem ein »Ich« steckt, dass jede Tätigkeit einen Täter voraussetzt.

Alle Gefühle stärken das Ich, nähren es, unterstützen es in seiner Illusion, zu sein, mehr zu sein als das Bindemittel der Wiederholungen, das illusorische Subjekt einer Erzählung.

Aber wie kann man darauf aufmerksam machen?

*

Der Selbstmord ist der einzig mögliche Akt der Freiheit, höre ich diese naive Stimme sagen, die sich ihren Weg zwischen meinen Knochen bahnt. Ein freier Akt? Was ist ein freier Akt? Wovon will der Selbstmord befreien? Welche Freiheit ist das, die ein Individuum dazu bringt, seine Existenz aufzugeben, wenn die Umstände ungünstig sind? Wenn diese Umstände sich plötzlich ändern und im letzten Moment eine Form annehmen, die befriedigend erscheint, würde es dann sein Vorhaben vielleicht aufgeben?

Weise ist, wer ohne Zuneigung handelt, heißt es in der *Bhagavad Gita*. Wie für den Verfasser dieses Gesangs im alten Indien, so ist auch für den Verfasser der *Kritik der praktischen Vernunft* im Europa der Aufklärung die richtige Handlung jene, die aus Pflicht geschieht. Die Frage ist dann immer, worin diese Pflicht besteht, was oder wer sie auferlegt und wem man Gehorsam »schuldet«. Aber darum geht es uns hier nicht. Was die moralische Freiheit betrifft, geht es um die Kette – den Faden, das Band.

Man handelt nicht frei, wenn seine Handlungen auf Antrieben beruhen, die von Gefühlen diktiert sind. Man ist auch nicht frei, wenn man unter dem Zwang moralischer Regeln handelt, und noch weniger ist man frei, wenn man unter der Herrschaft irgendeines Glaubens handelt. Frei handelt nur derjenige, der zu erkennen vermag, woraus die Kette besteht und wie ihre

Glieder – ihre Stränge – notwendigerweise nacheinander und miteinander verbunden wurden.

Betrachten wir nun die logische Schlussfolgerung. Gibt es gefühlsmäßig gesprochen etwas Neutraleres als die logische Schlussfolgerung? Muss der Selbstmörder auf der Grundlage logischer Überlegungen handeln, damit sein Akt als frei gelten kann? Die Betrachtung der Sinnlosigkeit des Daseins kann sicherlich dazu führen. Es kann sein, dass jemand angesichts der Absurdität seiner hoffnungslosen Existenz »kalt« in Erwägung zieht, dieser ein Ende zu setzen. Und er mag auch glauben, dass seine Entscheidung absolut objektiv ist. Aber ist nicht auch das Gefühl der Absurdität oder der Sinnlosigkeit des Daseins ein Glied in der Kette? Es gibt vielleicht auch kein Ich, das behauptet, diese Fremdheit zu erleben, und das, von der Sinnlosigkeit überzeugt, beschließt, ihr ein Ende zu setzen.

Nein, die Überzeugung ist nicht objektiv. Genauso wenig ist sie frei, keineswegs. Die Überzeugung ist das Ergebnis einer Verkettung von Schritten – logischen Sequenzen im besten Fall –, die zum Prinzip oder Axiom zurückreichen, von dem man ausgeht. Und diese erste Annahme, das erste Urteil, die ersten Faktoren der Gleichung, sind eben das Problem. In moralischen Fragen ist das Axiom, von dem man ausgeht, immer der Prüfstein. Nein, wer aus Überzeugung handelt, handelt nicht frei, auch wenn er folgerichtig handelt. Freiheit ist ein moralischer Begriff. Die Logik ist eine Methode. Und die Methode wird auf ein Material angewandt, das aus Sprache besteht, aus Vorstellungen und

Prämissen, die ausgehend von Interessen, Notwendigkeiten, Wünschen und Überzeugungen entwickelt werden. Eine Handlung ist nicht frei, nur weil sie logisch ist. Wenn wir sagen, dass eine Handlung »logisch« ist, sollten wir einfach sagen, dass sie »folgerichtig« ist. Das sagt das Wort: Folgerichtig ist alles, was aus einer Ursache folgt. Wie die Glieder einer Kette.

Wo ist also die Neutralität? Wo die Freiheit? Welches Schlupfloch, welche Lücke, welcher Defekt im Getriebe, von dem aus man das Umkehrwort aussprechen kann?

*

Manchmal, wenn jemand den festen Entschluss gefasst hat und dazu bereit ist, den Faden abzuschneiden, kann es vorkommen, dass Leben oder Nichtleben plötzlich gleichgültig geworden ist. Das kommt daher, dass man sich im Entscheidungsprozess vom Lebenswillen lösen musste, ihn abstreifen musste, mit allem, was das mit sich führt. Gleichgültigkeit tritt also an die Stelle, die der Wille aufgegeben hat, und das Leben erscheint seltsamerweise als etwas von ihm Unabhängiges, das sich ihm ohne ein Fünkchen Notwendigkeit oder Verbindlichkeit anbietet, ohne jegliche Pflicht, die es zu erfüllen gelte. Dann ergibt sich eine andere Freiheit, die nichts mit der Entscheidungsfreiheit zu tun hat.

*

Schopenhauer hat richtig erkannt, dass die Verneinung des Lebenswillens im Leben selbst zu geschehen hat. Die Freiheit, um die es sich hier handelt, ist eine radikale Freiheit, denn sie betrifft die Wurzel des eigenen Lebens, den Wunsch nach Dauerhaftigkeit. Sich zu befreien, bedeutet die Bewegung des Willens in seinem Hin und Her zwischen Zufriedenheit und Unzufriedenheit, zwischen der Sehnsucht nach der Vergangenheit und der Hoffnung auf die Zukunft zu unterbrechen. Sich befreien heißt *gleichgültig* werden, die Unterschiede zu neutralisieren.

Wenn man interesselos, gleichgültig ist, stellt sich Ruhe ein und paradoxerweise mit ihr die Lebensfreude: eine Intensität ohne Zeit, eine Offenheit für den Augenblick, aus der ein Gefühl absoluter Freiheit erwächst.

*

Sich weniger für die Welt interessieren, für ihre rastlose Bewegung, ihre ständige Unbefriedigtheit, ihre sprunghafte Unruhe, ihre fieberhafte Produktion von Wesen und Dingen. Für ihre Werturteile. Für ihre Urteile.

Wer sagt, er sterbe lebendig, betrügt sich, wenn er es als Übung tut. Lebendig stirbt, wer verliert und sich im Verlust verliert. Derjenige stirbt, der nicht sagt, dass er gestorben ist, denn auch im Leben spricht der Gestorbene nicht.

GEGENSEITIGE FIKTIONEN

Etwas schlägt ein, erschüttert die Maschine, bringt sie durcheinander, lässt sie Halt verlieren, schleudert sie von hier nach dort und aus Trägheit kehrt sie von dort nach hier wieder zurück. Eine Reaktion. Es entsteht das, was man eine Reaktion nennt. Es ist nur die Materie-Masse, die unmerklich von ihrer Bahn abgelenkt wurde. Sie kehrt um, bevor sie wieder von Neuem davonschießt. So findet Erkennen statt. Lernen ist Wiedererkennen. Die Maschinen erkennen das Ähnliche wieder. Die Wiederholung von Antworten wird Bildung genannt. Die Maschinen lernen voneinander, indem sie aufeinandertreffen.

*

Die Stadtbewohner, die von Bewegung und Unruhe gekennzeichnet sind, »existieren als gegenseitige Fiktionen, als Bilder, die sich in wechselseitigen Illusionen anhäufen, aber sie tun so, als wären es logische Formen«, schreibt Inger Christensen.

*

Gegenseitige Fiktionen. Im Geist angesammelte Bilder. Nein, nicht im Geist, denn der Geist ist kein Behälter, sondern nur eine Funktion. Angehäufte Bilder also oder Bilderhaufen. Der Haufen, der einem Körper entspricht, wird Geist genannt.

Ein Körper ist eine Verbindung von Antrieben, die vorübergehend vereint bleiben. Dieses Vorübergehen nennen wir Zeit.

Die Funktionsstörung eines Körpers oder sein Zerfall führen zu einer leichten Veränderung des fiktionalen Organismus, der sofort wiederhergestellt wird. Niemand steht hinter dem Vorgang. Keine Entität, die ihn leitet oder organisiert.

*

Die Beziehungen zwischen den einzelnen Bilderhaufen können mit Formeln beschrieben werden, die sie in logische Formen verwandeln. In Wirklichkeit gibt es nur den Prozess. Bewegte Bilder.

Die Bilder neigen zur Wiederholung. Je mehr sie sich wiederholen, desto größere Beständigkeit erhalten sie. Die beständigen Bilder werden Erinnerungen genannt. In Wirklichkeit gibt es niemanden hinter der Erinnerung, niemand erinnert, kein Ich. Es gibt nur Wiederholung. Die Trägheit der Bilder, ihr Wille zur Reproduktion, diese Kraft entspricht einem Schema. Jedes Schema neigt zur Selbstreproduktion.

Die Gegenwart ist das Begehren nach Rückwirkung, das die Faltung aktiviert.

*

Der Mai und seine über die Dächer fliegenden Vögel, wieder einmal. Oder zumindest ist es das, was wir wahrnehmen. Hier. Anderswo nicht. Anderswo ist nicht hier. Oder zumindest ist es das, was wir uns einbilden. Oder das, was die Sprache sich einbildet.

Hier läuft alles nach Plan. Nichts ist getrennt. Die Vögel atmen die Luft ein, die wir ausatmen. Wir atmen die Luft ein, die sie ausatmen. Wir leben, weil sie leben. Wir alle leben, weil andere leben. Alle gemeinsam bilden wir den Universum-Körper, das immer tätige Bewusstlose. Oder zumindest verstehe ich es so. Oder der Verstand versteht es so. Der Vereiniger, der Synthesis-Produzent, der Erfinder der Zeit, der Fabulierer, der Betrüger.

ERZÄHLEN, WEBEN

»Die Nacht war dunkel, mondlos. Der Wind blies mit über 100 km/h. Er warf zehn Meter hohe Wellen auf, die mit schrecklichem Getöse über das schwache Holzboot hereinbrachen. Es war zehn Tage zuvor mit 101 afrikanischen Flüchtlingen aus einer Bucht an der mauretanischen Küste ausgelaufen.« Nein, das ist kein Roman. Aber der Autor weiß, dass die fiktionale Form eine größere Zahl von Lesern erreicht, weil sie die Fakten als Erzählung aufnehmen und die Erzählung ihnen Vergnügen bereitet.

*

Erzählen: Mit Speichel ein festes Gewebe weben. Die aufeinanderfolgenden Bilder werden mit Sinn in eine Ordnung gebracht. In eine Argumentation. Das gilt für die Weltgeschichte genauso wie für die Geschichte der Völker. Für die Geschichte der Völker wie für die Geschichte jedes Beliebigen. Nie sind wir am Anfang und nie am Ende unseres eigenen Lebens dabei. Und die Vernunft muss die Summe der Abfolgen mit Enden versehen.

*

Das europäische Denken beruht auf einem Substantiv. Das Verb »sein« wurde mit einem Artikel versehen und sofort gab es etwas, das »das Sein« genannt wurde. Jeder schaute auf sich selbst und dachte: »mein Sein«. Damit kam die Angst. Die Angst, es zu verlieren, das eigene Sein zu verlieren. Das europäische Denken gründet auf dieser Angst. Zwischen Sein und Nichtsein wurde ein messbares, unterteilbares Intervall gezogen, das »Zeit« genannt wird, und aus dessen Messung sich die »Tatsachen« ergeben.

Aber das Werden der Lebewesen gleicht eher dem Fließen der Flüsse als unserer Grammatik. Die Tatsachen sind das, was in einem Flussbett den Steinen entspricht. Je schwerer die Steine, desto mehr Geschichte soll ein Volk haben. So wird das große Vergessen ausgeglichen.

*

Freiheit, Brüderlichkeit, Gleichheit: Der gescheiterte Traum des revolutionären Europas ist ein Programm, das nicht verwirklicht werden kann. Jeder Organismus ist Zwang. Jedes Rudel ist räuberisch.

*

In der Ökonomie sprechen wir von *Wachstum*. Im Bereich des Sozialen von *unterentwickelten* Ländern. Eine Person oder ein Land *wächst* oder *entwickelt* sich, wenn es die Gewohnheiten und Denkweisen unseres Stammes annimmt. Die altmodische Vorstellung von Fortschritt gehört zur Sprache der Globalisierung und unterstützt ihr Programm. *Wachsen*, *fortschreiten*, *aufsteigen*: Auftriebsbewegungen nach vorne und nach oben,

Metaphern, die aus der Produktionsökonomie, dem Kolonialismus und dem biblischen Gebot stammen.

*

Erzählen, weben … Wir müssen dringend die Geschichte der Begriffe erforschen. Wir müssen dringend ihre Ursprünge verstehen und wie sie strategisch in Werte verwandelt worden sind, die wir verteidigen.

*

»Das Vordringliche scheint mir weniger in der Verteidigung eine Kultur zu bestehen, deren Vorhandensein noch nie einen Menschen von der Angst vor dem Hunger, von der Sorge um ein besseres Leben befreit hat, als vielmehr darin, dem, was man Kultur nennt, Vorstellungen abzugewinnen, deren lebendige Kraft mit der des Hungers untrennbar eins ist.« Das schrieb Artaud 1938 im Vorwort zu *Das Theater und die Kultur.*

Könnte eine lebendige Idee dem Hunger entgegenwirken? Die Zahnräder blockieren, einen galaktischen Stromausfall verursachen, das universelle Netz zusammenbrechen lassen? Könnte eine Idee, eine einzige Idee, den Speichelfluss im Maul der kosmischen Spinne stoppen? Hätte sie die nötige Kraft, den Todestrieb mit der erforderlichen Intensität zu schüren?

Nein. Das ist nicht die Absicht desjenigen, der die Erschaffung einer lebendigen Idee fordert. Jede Idee hält das Rad in Bewegung. Jede Idee ist Teil des Betrugs. Des dreifachen Betrugs: das

Leben sei gut, das Leben sei schön, das Leben sei wirklich. Die platonische Dreiheit, die drei Ideen, die den Damm errichten, auf dem die theologischen Dreifaltigkeiten zumindest der letzten 2000 Jahre beruhen.

Aber nein. Die Kultur wird niemals fähig sein, den Fortschritt umzukehren. Die Kultur kultiviert und verwandelt die Ernte in Kult. Jede Kultur nährt, jede Kultur nährt den Hunger.

*

Die weiße Rasse hat mit der Anmaßung ihrer Stämme und der Überschätzung ihrer Werte das Gleichgewicht der anderen Völker gestört und dem Reich der Tiere Gewalt angetan. Der Wille des Abendlandes war wie der Bug eines Schiffes: immer vorwärts, starr die flüssige Natur der anderen Wesen spaltend. Früher oder später muss das Gleichgewicht wiederhergestellt werden. Der Rhythmus der Jahreszeiten, das Reich der Ameisen, die Nacht der Käuze und Maulwürfe. Dieses Schiff wird nicht schmerzlos kentern.

Man tut nicht gut daran, seine Kinder wie Prinzen zu erziehen, die nichts vom Unheil wissen. Alles ist zyklisch. Und sie werden sich hungrig wiederfinden, Kieselsteine kauen und sich nach dem Verlorenen sehnen.

*

Geschichte: wie die jungen Nationen auf den Trümmern ihrer Vorgänger entstehen. Wie das Wohlergehen oder die Zufriedenheit der einen auf dem Untergang oder dem Opfer der anderen beruht. Wie die Zeit der Toten den Raum der Lebenden eröffnet.

TROMMELN

1958, drei Jahre nachdem Albert Einstein das von Bertrand Russell verfasste Manifest für nukleare Abrüstung unterzeichnet hatte, warfen die Vereinigten Staaten 70 der insgesamt 1129 zwischen 1945 und 1992 gezündeten Atombomben über den Atollen des Pazifiks ab. »Ein ständiger Krisenzustand rechtfertigt eine ständige Kontrolle«, schrieb Aldous Huxley im selben Jahr, ein Satz, der für die innere Ordnung eines Individuums ebenso gilt wie für die eines Staates.

Inzwischen hatte im April desselben Jahres 1958 in Brüssel die erste Weltausstellung nach dem zweiten Weltkrieg stattgefunden. Die verschiedenen Nationen der Welt hatten sich auf dem Heysel-Plateau versammelt, um ihre Errungenschaften auszustellen. Mädchen aus einigen öffentlichen Schulen wurden in den vom Gastgeberland errichteten Pavillon des Kongo gebracht. Mit Schuhcreme beschmiert, in Kaffeesäcke gesteckt und mit Papierketten geschmückt, die sie im Werkunterricht gebastelt hatten, wurden sie auf die Bühne gebracht und tanzten im Kreis, hüpften mit den Armen in der Luft von einem Fuß auf den anderen und sangen: *Je suis née en Afrique, au pays des cannibales. Je suis noire comme une bourrique, mais je n' m'en fais pas. Uyuyuy aaya, les cannibales sont là* (da capo).«* Aufgrund meiner gerin-

* »Ich bin in Afrika geboren, im Land der Kannibalen. Ich bin schwarz wie ein Esel, aber das ist mir egal. Uyuyuy aayá, die Kannibalen sind da! (Da capo)«

gen Körpergröße war ich nicht Teil des Chors, man ließ mich am Rand der Bühne die afrikanische Trommel schlagen.

*

»Das Böse, das ist der Rhythmus der anderen«, schrieb Henri Michaux in jenen unheilvollen Tagen, als er allein in seiner Pariser Wohnung die afrikanische Trommel schlug. Er spielte sie, um zurückzuschlagen. Um inmitten der Flammen zu desertieren und zu lachen.

Gegen Versailles / Gegen Chopin / Gegen das alexandrinische Versmaß / Gegen Rom / (…) Tam-Tam gegen die Kritik / (…) vom Grab abgewandt / ohne Dynastie ohne Diözese / ohne Vormund ohne Verkrüppler / ohne Zärtlichkeiten ohne Verneigung / Tam-Tam der Brust der Erde / Tam-Tam der Menschen, deren Herzen wie Faustschläge sind / Gegen Bossuet / Gegen die Analyse / Gegen die Kanzel der Wahrheit

Gegen.

*

Es gibt einen berühmten Aphorismus von Søren Kierkegaard, in dem ein Clown die Vorstellung unterbrechend die Bühne betritt und dem Publikum mitteilt, dass hinter den Kulissen ein Feuer ausgebrochen ist. Die Zuschauer lachen und klatschen. Der Clown warnt erneut, diesmal schreiend und mit den Händen fuchtelnd. Die Zuschauer lachen und klatschen mit noch größerer Freude. »Ich glaube, so wird die Welt untergehen, unter dem allgemeinen Jubel der klugen Köpfe, die das für einen Scherz halten«, schließt der Philosoph.

*

Die Guten gehen mit Fahnen, die auf ihren Fahnenstangen gewickelt, eingefärbt, zu Zeichen der allgemeinen Dummheit werden. Mit dem Blei der Heere der Vorfahren beladene Unschuld. Sie führen die Befehle der neuen Herrscher aus, deren Stimme die Einheit der Vielen verkündet, die bereit sind, für ihre Interessen zu sterben. Kindische Alte, die falsche Identitäten und Freiheiten feiern, die für die Verteidigung von Grenzen fabriziert werden, die auf keinen Landkarten, sondern in den Börsenkursen eingezeichnet sind.

*

Betrachten wir die Feier der Dummheit nicht mit dem Jubel, mit dem Nero von seinem Palast aus zusah, wie Rom brannte, sondern mit der gelassenen Gleichgültigkeit, mit der Utagawa Hiroshiges Katze auf der Fensterbank sitzend das Torinomachi-Fest betrachtete.

ERZÄHLEN, VORSTELLEN

Nec pueros coram populo Medea trucidet. Horaz riet, den Zuschauern nicht zu zeigen, wie Medea ihre Kinder tötet. Die Szene soll erzählt, aber nicht gezeigt werden, denn das Skandalöse daran ist nicht die Schilderung der Tat, sondern ihre Vor- und Darstellung. Warum hat die Darstellung eine so große Macht?

*

1757 schrieb Edmund Burke im Alter von 28 Jahren eine Abhandlung über die Ideen des Schönen und Erhabenen. Das Thema war gerade in Mode und insbesondere die Frage, warum die Darstellung der Leiden anderer Menschen Vergnügen bereitet. Burke hatte festgestellt, dass umso größeres Interesse beim Zuschauer geweckt wird, je realistischer das Schauspiel ist. Wenn zu Beginn der Aufführung der aktuell mitreißendsten und erfolgreichsten Tragödie verkündet würde, dass ein Verbrecher öffentlich hingerichtet wird, dann würde sich das Theater augenblicklich leeren, versicherte er. Und zwar nicht, weil es uns gefällt, andere Menschen leiden zu sehen, sondern aufgrund der natürlichen Bewegung des Mitgefühls mit den anderen. Der Schrecken (*terror*) ist eine Leidenschaft, die immer Vergnügen hervorruft, wenn sie nicht zu drückend ist, behauptete er, und das Mitleiden ist ein lustvolles Gefühl, weil es sich von der Liebe und der sozialen Anteilnahme ableitet. Erinnern wir daran, dass Schrecken oder Furcht (φόβος) und Mitleiden (ἔλεος) in Aristoteles' *Poetik* die Gefühle waren, die er der Tragödie zuordnete. Erinnern wir uns, dass Burkes Begriff *sympathy* die Übersetzung des griechischen Wortes *sympatheia* (συμπάθεια) ist, was die Fähigkeit bezeichnet »mit (συν-) jemandem zu leiden (πάσχω)«, also das Mitleiden, und das ins Lateinische übersetzt das Verb *cum-patior* und das Nomen *compassio* ergab, aus dem sich das spanische *compasión* ableitet.

Aber offensichtlich täuschte sich der junge Ire. Denn das römische Volk eilte nicht aus Mitleid und Mitgefühl massenhaft in die Arenen, um zu sehen, wie Menschen und Tiere abgeschlachtet werden. Auf den bildlichen Zeugnissen vergangener Jahrhunderte lässt sich genauso wenig Mitleid auf den Gesichtern derer erraten, die bei Folterungen und Hinrichtungen zusahen. Ebenso wenig war es Mitleid, was das Volk von Paris dreißig Jahre nach Burkes Schrift zeigte, als es in Massen zur Place de la Concorde, die damals Place de la Révolution hieß, strömte, um mitzufiebern, wie die Köpfe in den Korb rollten, der am Fuß der Guillotine auf sie wartete. Nebenbei bemerkt war das Publikum nicht besonders angetan von diesem Gerät, denn es verkürzte die Dauer des Schauspiels erheblich. Mehr als 11000 öffentliche Enthauptungen fanden während der Französischen Revolution zur Freude der Bevölkerung statt. War es Mitgefühl, Liebe und soziale Anteilnahme, die die Menschen zu den Hinrichtungen lockte? War es die soziale Anteilnahme der Zuschauer, welche die amerikanischen Fernsehsender 1991 dazu veranlasste, die Hinrichtung eines Mörders live zu übertragen?

Nein, das Publikum, das Hinrichtungen beiwohnt, tut das nicht aus Mitgefühl oder um mit dem Verbrecher mitzuleiden, sondern ganz im Gegenteil. Wenn sich das Publikum mit einem der Akteure identifiziert, dann mit dem Henker, dem ausführenden Arm, der ihnen das Schauspiel bietet. Und wenn er am Ende seine Aufgabe erfüllt hat, wird applaudiert, um die Regeln des Zusammenlebens zu feiern, die es erlauben, ohne negative Folgen zu töten. Es wird der Wunsch nach Blut und die Erlaubnis, es zu vergießen, beklatscht. Man klatscht aus der Befriedigung heraus, einen anderen im Namen einer schützenden Gerechtigkeit leiden zu sehen.

*

Erzählen, vorstellen ... Vorstellen ist eine Bewegung, die Lust verschafft. Sie ermöglicht die Aktivierung der Erkenntnisvermögen. Jedes Schauspiel bietet sich als Fiktion an und lässt den Verstand die angemessenen Verbindungen zwischen dem Gesehenen und dem Wirklichen herstellen. Je mehr sich die Fiktion der Wirklichkeit annähert, desto leichter sind die Assoziationen herzustellen, und desto unmittelbarer, aber auch roher ist die daraus bezogene Befriedigung.

Nein, nicht aus Mitgefühl strömten die Zuschauer in Massen in die Kampfarenen und auf die öffentlichen Plätze. Nicht aus Mitgefühl schalten wir den Fernseher zur Stunde der Übertragung der Gräuel ein, sondern zum Vergnügen. Jede Darstellung oder Vorstellung verschafft Vergnügen. Und solange es uns als Spektakel angeboten wird, werden wir das Reale mit dem Vergnügen aufnehmen, das jede Darstellung mit sich bringt.

SCHAUPLÄTZE

»Geht es dir gut?«

Die Nachrichten häufen sich auf dem Telefon. Die Leute wissen, dass du gelegentlich dort lebst. Seit Monaten, wenn nicht Jahren haben sie dich nicht kontaktiert. Du kannst in der Zwischenzeit gestorben sein, auf unterschiedlichste Weise: Jeder Augenblick des Lebens ist ein Überlebensakt. Aber sie haben sich nicht dafür interessiert. Sie haben dich nicht gefragt, ob es dir gut geht. Sie fragen dich jetzt, ob du unter den fast zwei Millionen Einwohnern vielleicht eines der zehn oder zwölf Opfer des Attentats warst. Sie fragen dich das jetzt, unter den »dramatischen« Umständen, während sie ihre Liste der Freundschaften durchgehen, die mit dem Namen dieses Ortes verbunden sind. Das Drama und das Zugehörigkeitsgefühl bilden das perfekte Bündnis, um an den erstarrten Fäden der Sentimentalität zu zerren.

»Tragödie«, sagen sie. Und sie sagen das nicht, weil sie glauben, damit einen Vergleich anzustellen, sondern weil sie es so erleben. Für sie ist ein Ereignis »tragisch«, wenn viele unerwartete Todesfälle eintreten. Obwohl es sich um eine tote Metapher handelt, weist das Wort aber auch darauf hin, dass man einem Ereignis beiwohnt, *so als ob* es eine Theateraufführung wäre.

Tragödie. Denn es gibt jemanden, der zusieht und mitleidet. Keine Tragödie kommt ohne Vorstellung oder ohne Chor von Stimmen aus, der die Geschichte erzählt. Wenn die Erzählung zu Ende ist, klatschen die Zuschauer. Sie haben die Aufführung genossen. Sie haben mitgezittert, mitgefiebert, mitgelitten.

Manche bringen Blumen und Gegenstände zum Ort des Unfalls oder des Massakers. Und sie legen sie am Ort des Geschehens nieder, wie auf einer Bühne am Ende einer Aufführung.

*

Tragödie, *trag-odia* (τραγῳδία). Der Gesang, die Ode (ᾠδή) begleitete bei den dionysischen Feiern die Opferung des Ziegenbocks (*tragos*, τράγος), des Sündenbocks. Bei diesen Feiern war man nicht Zuschauer, sondern Teilnehmer. Wer an einem Opfer teilnimmt, hat seinen Teil der Verantwortung. Welche Verantwortung kann jemand haben, der nur zuschaut, aus der Ferne, nur von der Tribüne aus? Der Übergang vom Fest zum Schauspiel besteht in dieser Wendung, in dieser *Perversion*: Man fühlt sich nicht verantwortlich für das, was geschieht, wenn es auf einer Bühne geschieht. Und das ist das Unheimliche, wenn die Wirklichkeit selbst ganz zu einem Schauspiel geworden ist.

Schauplätze. Vom Krieg verheerte Gebiete werden »Schauplätze« genannt, und wahrscheinlich ist das Wort angebracht, weil wir uns zu ihnen wie Zuschauer verhalten. Die Schauplätze werden entworfen, die Kämpfe werden inszeniert, gefilmt, übertragen. Die Opfer werden als »Kollateralschäden« bezeichnet, die anschließende Einmischung der Anstifter wird »Chaosmanagement« genannt. Dasselbe gilt für das Zuschauen, für das *Theorein*, für denjenigen, der betrachtet, der später seine

Meinung sagt, aus dem Zuschauerraum heraus, ohne auch nur zu spüren, dass es ihn betrifft.

*

Im Mai 2015 wurden in einem der vielen Gemetzel, die der Islamische Staat verübte, fünfundzwanzig syrische Soldaten im römischen Amphitheater von Palmira hingerichtet. Die fünfundzwanzig Vollstrecker waren Jugendliche. Jeder von ihnen hatte die Aufgabe, einen der Soldaten hinzurichten. Die Zuschauerränge waren von einer großen Anzahl Zivilisten besetzt, die gezwungen wurden, dem Schauspiel beizuwohnen. Die Ränge waren in diesem Fall Teil des Schauplatzes. Die eigentlichen Zuschauer, für die das veranstaltet wurde, waren wir, die wir zusahen, ohne dass uns jemand dazu zwang.

Wie in der österreichischen Originalversion von *Funny games*, Hanekes unangenehmstem Werk, zwinkern uns die Peiniger zu: Gefällt es euch? Du bist doch auf unserer Seite, nicht wahr? Wenn du hier bleibst und zuschaust, wenn du nicht von deinem Platz aufstehst, wenn du nicht schreiend wegläufst, wenn du dir nicht die Ohren zuhältst und die Arena verlässt, dann liegt das daran, dass dir dieses Spiel in Wirklichkeit gefällt, oder etwa nicht?

WEDER WAHR NOCH FALSCH

Aristoteles sagte in *De Interpretatione*, dass es Aussagen gibt, die weder wahr noch falsch sind. Er sagte, dass Aussagen in poetischen Werken – in diesem Fall im Bühnendrama – von dieser Art sind. Er sagte in seiner *Poetik* auch, dass der Autor in seinem Werk irrationale und sogar absurde Elemente verwenden kann, ohne dass das Werk dadurch unwahrscheinlich wird. Im Unterschied zur Wahrheit bemisst sich die Wahrscheinlichkeit nicht am Vergleich, sondern an der inneren Stimmigkeit der Elemente. Damit ein Werk funktioniert – im Falle des Dramas: den Zuschauer rührt -, muss es wahrscheinlich sein, und das ist es, wenn es schlüssig ist, was für Aristoteles gleichbedeutend damit ist, dass es eine innere Logik besitzt.

Ich habe immer gedacht, dass wir dieses Prinzip heutzutage problemlos auf jede Theorie anwenden können müssten. Eine Theorie ist eine Geschichte, die nicht nur stimmig ist, also eine innere Logik besitzt, sondern auch »funktioniert«. Eine Theorie funktioniert, wenn sie die erwarteten Ergebnisse liefert. Dies hängt bei der wissenschaftlichen Theorie genauso wie beim bildnerischen oder literarischen Kunstwerk nicht davon ab, ob es gelingt, eine vermeintliche äußere Wirklichkeit abzubilden, sondern von der Stimmigkeit dessen, was sie anbieten. Auch wenn sich die Spekulationen noch so sehr in der Praxis bestätigen, gibt es doch keinen Grund zur Annahme, dass sie in irgendeiner Weise die wahre Wirklichkeit widerspiegeln, der die

Theorie entsprechen müsste. Es geht nicht um Entsprechung, sondern um Stimmigkeit.

Um die Wahrheit von etwas festzustellen, braucht man einen Bezugspunkt, mit dem man es vergleichen kann. Die Wahrheit wird durch ein vergleichendes Urteil festgestellt. Wenn wir unsere Erzählungen aus der ästhetischen Perspektive betrachten, befreit uns das nicht nur von diesem Urteil, sondern auch von der Notwendigkeit, einen Bezugspunkt anzunehmen, den man der Theorie oder der Erzählung entgegensetzt. Und das befreit uns natürlich auch von der Unannehmlichkeit, an sie glauben zu müssen.

*

Solange wir den Geschichten, die die individuelle oder kollektive Spinne erzählt, keinen Glauben schenken, spielt es keine Rolle, welche Art von Netz sie spinnt oder welche Nahrung sie dafür aufnimmt: göttliche Offenbarungen, Fernsehserien, philosophische Betrachtungen oder Kindergeschichten, es ist ihr gleichgültig. Wenn wir aber nicht in der Lage sind, sie auf Distanz zu halten, wenn wir uns mit ihr identifizieren, dann wird es notwendig sein, ihre Nahrung sehr sorgfältig auszuwählen, denn davon werden auch ihre Geschichten abhängen, und diese werden das Rad der Handlungen in Bewegung setzen. Handlungen bewirken Empfindungen, die wiederum Gedanken erzeugen, die sich in Gefühle verwandeln, die wiederum Handlungen erzeugen, und so weiter. Solange wir genug Abstand zur

Weberin halten, um ihre Rede nicht allzu ernst zu nehmen, sind wir auf der sicheren Seite.

Der Verstand ist ein operatives Werkzeug. Er ist für die Verwaltung von Sinnesdaten und für die Berechnung von Informationen zuständig. Man sollte ihm aber nicht zu viel Verantwortung übertragen. Die Geschichten, die er sich erzählt, die Fantasien, die er sich ausdenkt, oder die Theorien, die er aus den Überresten dieser Daten entwickelt, halten ihn aufmerksam, sowohl im Wachzustand als auch im Schlaf, aber wir sollten seinen Geschichten nicht mehr Wirklichkeit zuschreiben, als wir der Kunst beimessen. Die Netze, die die Spinnen mit ihrem Speichel weben, können weich oder klebrig, schön oder schrecklich sein, aber sie sind weder wahr noch falsch, denn Wertschätzung und Glaube sind zwei verschiedene Dinge: erstere gehört in den Bereich des Geschmacks, letzterer in den Bereich der Erkenntnis.

Wir können die erstaunlichen Schöpfungen der Spinne bewundern. Aber passen wir auf, dass aus der geschickten Weberin keine Zecke wird!

*

Versteckt im Gras wartet sie auf eine Reibung, auf das warmblütige Tier, auf einen geeigneten Bauch. Die Verstandeszecke, die Schildzecke, die auf ihre Beute wartet, von der sie sich ernährt, bis sie sie erschöpft zurücklässt. Der parasitäre Verstand, der sich von seinem Wirt ernährt.

GLAUBEN

Jede Geschichte ist Darstellung, jede Erzählung ist Werk. Es gibt keine Referenz einer Erzählung, die nicht selbst Erzählung ist.

Die Sprache ist der Webstuhl und der Mythos der Kettfaden, auf dem die Geschichte der Völker gewoben wird. Die Alten wussten das. Sobald die Fäden miteinander verbunden waren, verband das Gewebe die Glieder. Es brauchte keinen ersten Bezugspunkt: Die Wahrheit existierte nicht oder war nicht notwendig. Und da es keine Wahrheit gab, hatte es auch keinen Sinn, zu glauben. Die Sprache wirkte metaphorisch, poetisch, durch umfassende Assoziationen. Die Erzählung trug sich selbst und verband die Mitglieder des Stammes untereinander. Die Erzählung war lebendig, sie fand in der Gegenwart statt. Götter und Menschen teilten sich denselben Erzählraum.

Aber die Götter schwiegen. Ihre Welt und unsere Welt trennten sich. Das Bewusstsein der Zeit besetzte den Zwischenraum. Mit der Zeit kam das Vergessen und mit dem Vergessen die Notwendigkeit, der Stimme des Erzählers zu vertrauen.

*

Vertrauen in die Stimme des Autors, in die *autorisierte* Stimme. Darauf vertrauen, dass es der Geschicklichkeit des Barden gelingt, die Bande zu knüpfen, die die Mitglieder des Stammes brauchen, um sich geborgen zu fühlen. Der Barde verbindet das Früher mit dem Jetzt, das Verlorene mit dem Erlebten, das Vergessene mit der Gegenwart und der ungewissen Zukunft.

Die Zeit der Vorstellung begann dann, als die große Gegenwart verloren war und das Zuhören zu Vertrauen wurde.

*

Ein Sperling landet mit offenem Schnabel auf dem Tisch. Die erstickende Morgenluft trocknet seine Zunge aus.

*

Glauben (Spanisch: *creer*): *credere.* Das lateinische Wort teilt die Wurzel *kerd-*, die sich aus dem Indoeuropäischen herleitet, mit dem lateinischen Wort *cor, cordis*, von dem sich im Spanischen sowohl »corazón« (Herz) als auch »cordura« (Vernunft) ableiten. Das Vertrauen ist ein kordiales, ein herzliches Verhältnis. Man vertraut mit dem Herzen. Das Vertrauen ist die Leine oder die Vernunft, die zwei Teile verbindet, das Bündnis, das die Stabilität oder das Gleichgewicht gewährleistet.

Das lateinische Wort *fides*, das mit »Glaube« übersetzt wird, bedeutet Vertrauen. Das Vertrauen in das gegebene Wort war bei den antiken Völkern die Grundlage jeden Geschäfts und jeden Bündnisses. Das Vertrauen zu enttäuschen bedeutete, den Vertrag zu brechen, das Wort zu brechen. Das Wort zu halten bedeutete, den Vertrag einzuhalten.

Mit der Zeit jedoch trat der Verstand an die Stelle des Herzens und der Glaube ersetzte das Vertrauen.

Vom Vertrauen zum Glauben ist nicht nur ein weiter Weg, sondern es handelt sich auch um eine Situationsveränderung: Das Vertrauen ist herzlich, der Glaube ist mental.

GLAUBEN DASS / GLAUBEN AN
VON DER ANNAHME ZUM GLAUBENSBEKENNTNIS

Von den beiden Arten des Glaubens, denen sich der Verstand hingibt, ist nur eine unerlässlich. Ihnen entsprechen die zwei Ausdrücke: »glauben, dass« und »glauben an«.

Glauben, dass (etwas unter gleichen oder ähnlichen Umständen geschehen wird), ist unumgänglich. Wenn wir nicht glaubten, dass die Straße »wie immer« dort hinter der Tür sein wird, wenn wir einen Augenblick lang daran zweifelten, dann würden wir es nicht wagen, hinauszugehen. Wir würden denken: »Was, wenn anstelle der Straße ein Abgrund ragen würde?« *Glauben dass* gründet auf einer Annahme, nämlich dass das, was bisher gewesen ist, unter gleichen Umständen auch weiterhin so sein wird.

Natürlich kann uns niemand versichern, dass, nur weil ein Phänomen sich wiederholt hat, es sich weiterhin wiederholen wird. Die Tatsache, dass die Sonne jeden Tag aufgegangen ist, seit wir uns erinnern können, bedeutet nicht, dass sie es eines Tages vielleicht nicht mehr tun wird. Zwar werden sich in diesem Fall die Umstände geändert haben, weswegen die Formulierung (»unter gleichen Umständen«) weiterhin zutreffend ist, aber niemand kann uns versichern, dass sich die Umstände nicht ändern und dass die Sonne oder die Straße eines Tages nicht dort sein werden, wo wir sie anzutreffen glauben.

Den Grundsätzen dieser bis zu einem gewissen Punkt gewagten Verallgemeinerung zu misstrauen, ist zweifellos ratsam, und sich darin zu üben kann sogar Teil einer höheren Bildung sein. Es kann einen aber auch in den Wahnsinn treiben, wenn man es in jedem Moment seines Alltagslebens macht, ohne sich hinreichend darauf vorbereitet zu haben.

Es besteht kein Zweifel daran, dass zu glauben, *dass* einige Phänomene eine gewisse Stabilität besitzen und dass sie zur Wiederholung neigen, für das Leben in dieser Welt unerlässlich ist. Das Problem taucht auf, wenn wir vom Glauben, dass einige Phänomene bis zu einem gewissen Grad stabil sind, zum Glauben an die Stabilität der Phänomene übergehen. Das ist zweifellos eine geringfügige grammatikalische Änderung, ein kleiner Schritt, aber ein äußerst wichtiger, denn er lädt uns dazu ein, schleichend von der Annahme zum Glaubensbekenntnis überzugehen.

*

Der Ausdruck »glauben an« deutet immer auf einen Ersetzungsprozess hin. *An* den Weihnachtsmann glauben steht für den Glauben daran, *dass* der Weihnachtsmann uns Spielsachen bringt. *An* Gott glauben steht für den Glauben, *dass* ein Gott existiert und uns beschützt. Wer sagt, dass er an etwas glaubt, ersetzt die Annahme durch das Vertrauen und das Vertrauen durch das Glaubensbekenntnis. Diese Ersetzung – und die grammatikalische Wendung, die sie mit sich bringt – könnte zu einem bestimmten Moment unserer Geschichte stattgefunden haben, einem Zeitpunkt, der sich in Rom, in der Zeit des Niedergangs ansiedeln ließe, mit der Geburt eines neuen Bewusstseins, das den Zweifel in einem Bereich zuließ, der bis dahin immun gegen ihn war: Was, wenn es keine Götter gibt? Ein einfacher Zweifel, eine einfache Frage kann ein Reich erschüttern. Das Offensichtliche hörte auf, offensichtlich zu sein, das nie in Frage Gestellte wurde in Frage gestellt, das Fundament brach in sich zusammen. Angesichts dieser Situation richteten die politischen Mächte das ein, was seither »Glaubensbekenntnis« genannt wird.

Der Schritt von *glauben dass* zu *glauben an* ist nicht bloß das Ergebnis einer sprachlichen Pervertierung, sondern der Unterwerfungsvertrag, den der Gläubige unterschreibt und mit dem er seine Freiheit aufgibt.

Der Wille wird aufgegeben, aufgeschoben, einer Instanz übertragen, deren Autorität von der Zahl, von der Masse ihrer Leichtgläubigen, ihrer Anhänger abhängt, der Schwachen, die sich unter dem Schutz der Menge stark machen.

Glauben an ist die Projektion des Gefühls der Verlassenheit. Heilungsmesse, wenn man so will. Geteilte, gewünschte Illusion. Der Gläubige versucht in der Autorität das festzumachen, was das Vertrauen der Unbestechlichkeit des eigenen Urteilsvermögens überlässt. Die Autorität ist die Autorschaft der Erzählung, die sich nun als Wahrheit durchsetzt.

Sicherlich kann das Vertrauen verraten werden. Der Glaube nicht. Aber während das Vertrauen die Gleichheit und die gegenseitige Achtung festigt, stellt der Glaube die Unterwerfung des Leichtgläubigen unter die Herrschaft dessen sicher, der ihn einrichtet und schürt.

Das Bedürfnis zu vertrauen ist uns allen eigen, es ist wesensgleich mit Hingabe.

Die Glaubensbekenntnisse hingegen legen die Strategie der Herrschaft fest und das Erwachsenwerden besteht darin, die Hingabe in Standhaftigkeit umzuwandeln.

*

»Ich habe eine Liebe gesucht, die mich nicht verlässt«, sagt die junge Novizin, die den Nonnenschleier aufsetzt, weil sie Angst hat, ihren Verlobten zu verlieren. »Eine Liebe, die mich nie enttäuscht.«

Die Nonnen des Klosters von Zafra saßen im Halbkreis hinter dem Gitter, das die Klausur von der Zelle trennte, in der sie mich für die Nacht untergebracht hatten. Nachdem man mir ein bescheidenes Abendessen gereicht hatte, ließ man mich wissen, dass die Schwestern, die nicht umhin konnten, neugierig auf die Außenwelt zu sein, mich gebeten hätten, mit ihnen zu plaudern.

Da bemerkte ich, dass der große Vorhang, der mir die Innenwand meiner Zelle zu verdecken schien, diese tatsächlich von den Klausurräumen trennte, denn er wurde plötzlich über ein großes Gitter zurückgezogen, hinter dem die Nonnen, jede auf einem Stuhl sitzend, erwartungsvoll warteten, wie das Publikum vor einer Bühne.

Nach einem kurzen Gespräch wurde die Novizin gebeten, etwas für mich zu singen, als Dank für die wenigen Neuigkeiten, die ich in ihr Leben gebracht hatte. Unter ihrem gestärkten weißen Kopfschmuck errötete das Gesicht des jungen Mädchens, als sie die profanen Worte »*Ne me quitte pas …*« aussprach, während sie leise die Saiten ihrer Gitarre zupfte. Sie kannte nur die erste Strophe.

Die Nonnen zogen sich bald wieder zurück. In der Stille der Zelle erinnerte ich mich an den Rest des Liedes und schrieb es auf ein Blatt Papier, das ich am nächsten Morgen für die Novizin auf den Tisch legte. *Laisse-moi devenir l'ombre de ton ombre, l'ombre de ton chien …*[*] Ja, manchmal würden wir unsere Seele geben, um nicht verlassen zu werden. Eine Idee enttäuscht nicht. Standhaft bleibt die Idee sich selbst gleich. Und wenn es

---

* *Ne me quitte pas*, Lied von Jacques Brel. »Verlass mich nicht! Lass mich zum Schatten deines Schattens werden, zum Schatten deines Hundes …« (A.d.Ü.).

uns gelingt, die Vernunft mit ausreichendem Nachdruck zu demütigen, kann es sein, dass sie uns nicht verlässt, solange wir dies tun.

*

»Ich glaube an Dich, Herr, stärke meinen Glauben!«, flehte die Nonne, als sie, den Mittelgang der Kapelle durchquerend, jedes Mal vor dem Tabernakel niederkniete. Sie vergaß natürlich den zweiten Teil: »Stärke meinen Glauben ..., denn er fehlt mir!«, hätte sie sagen sollen, denn der Wille zum Glauben ist noch kein Glaube. Nach vielen Jahren und vielen Kniefällen verließ die Nonne das Kloster.

Niemand soll aus seinem Glauben einen Beruf machen, denn bei jedem Zweifel oder Verzicht wird er gezwungen sein, in Heuchelei oder Elend zu leben.

Glauben oder nicht glauben: Zwischen den zwei Enden des Seils ist das Problem nicht die Wahl, sondern das Seil.

GLAUBEN IST NICHT EHRWÜRDIG

Die Ruinen von Palmira sind in die Luft gesprengt. Der Direktor des archäologischen Museums ist im Namen eines Gottes geköpft worden, weil er die Ruinen einiger Tempel gepflegt hat, die im Namen anderer Götter errichtet worden waren.

Das Museum ist auch ein Tempel. Zeugnis einer Geschichte, in der wir zwischen den Bildern – den *Eidola* – anderer Mächtiger oder ihren Überresten umherwandern.

Der Priester des Museums ist hingerichtet worden. Damit eine andere Erzählung gehört werden kann. Die Geschichte einer anderen Horde. Jedes Glaubensbekenntnis hat seine Horden.

Die Ruinen von Mossul, Hatra, Homs, Aleppo und anderen Städten stehen an der Stelle noch älterer Ruinen. Niemand hat sie in Museen verwandelt. Das neue Blut besudelt nicht die Geschichte. Heute wie damals zählen die Sanftmütigen nicht.

*

Ehret den Glauben!, sagen sie uns. Den Glauben ehren?

Die größten Gewalttaten wurden im Namen des einen oder anderen Glaubens verübt. Sollen wir ehren, was uns dazu treibt, sie zu verüben?

Ist es ehrwürdig, absichtlich unsere Fähigkeit zum Nachdenken sowie das vorhergehende Wissen auszulöschen, das jedes Tier besitzt und das es ihm ermöglicht, mit anderen Arten wenn schon nicht in Frieden, so zumindest in Symbiose oder in einer Beutebeziehung zusammenzuleben, gemäß dem Gesetz des Hungers?

Ist es ehrwürdig, blind zu glauben, was einige sagen, dass andere gesagt haben und so weiter bis zum Anfang der Geschichte?

Männer, die stolz auf ihre Männlichkeit sind, kehren dennoch in jeder unheilvollen Nacht zur Brust und zum Schoß der Mutter zurück auf der Suche nach Schutz, dessen sie nie sicher sein werden. Ist es ehrwürdig, wenn diejenigen, die sich ihrer Reife und Einsicht rühmen, immer wieder zur Wiege zurückkehren und nach Händen rufen, die sie wiegen, und nach Lippen, die die alte Melodie murmeln?

*

Nein, der Glaube ist nichts Ehrwürdiges. Glauben heißt die Fragen, die uns beunruhigen, an andere abzuschieben, heißt darauf zu verzichten, unsere eigenen Verstandeskräfte zu gebrauchen, heißt die eigenen Grenzen zu fürchten. Glauben ist die Weigerung, das Nichtwissen zu akzeptieren. Glauben ist die Kraft des Schwachen.

Wer ertrinkt, sucht etwas, an dem er sich festhalten kann, wer in einen Abgrund abrutscht, sucht einen Felsen oder eine Wurzel, an der er sich festhalten kann. Jedes Lebewesen, das spürt, dass es fällt, klammert sich instinktiv fest, um zu überleben. Aber der Fels kann sich lösen, die Wurzel kann reißen. Nichts ist fester als die Erkenntnis der Unwissenheit und die damit verbundene Freiheit.

Nein. Überzeugungen sind nicht ehrwürdig. Der Glaube ist nicht ehrwürdig. Vielmehr ist es ehrwürdig, sich ihrer zu entledigen, die auferlegt, vererbt oder übernommen worden sind. Sich nackt zu machen. Nackt zu gehen. Und dann, ja dann, zu singen. Das Lied zu singen, das man uns nicht beigebracht hat, die innere Resonanz, die zwischen unseren Lippen entweicht wie der Luftstrom zwischen Rahmen und Flügel einer alten Holztür.

*

Es ist zweifellos wünschenswert, dass die Gläubigen die Überzeugungen der anderen Gläubigen respektieren. Es ist angebracht, ihr friedliches Zusammenleben zu erleichtern. Die Achtung, diese Achtung, die weder Fürsorge noch Bewunderung, sondern einfach Gegenseitigkeit bedeutet, ist Teil des Nichtangriffspakts. Aber wäre es nicht einfacher, mit dem gleichen Ergebnis, den Glauben mit der Wurzel auszureißen und ihn durch die Ehrfurcht vor allem, was leidet, zu ersetzen? Konfuzius nannte es *jen*, die Tugend der Menschlichkeit; Siddharta Gautama nannte es, etwas weitherziger, Mitgefühl.

Es ist nicht wahr, dass der Mensch den Zorn eines Gottes fürchten muss, um den anderen zu verstehen. Es genügt, die Grenzen der Zugehörigkeit zu erweitern und das Prinzip der Gleichwertigkeit auf alles anzuwenden, was im Kreislauf des Hungers oder, wenn man so will, des Lebens, des einfachen Lebens gefangen ist.

BRILLEN

Ein Philosoph, der nicht in seinem Denken und Willen die Vorstellung eines Gottes, der über ihn wacht und ihn unterstützt, ausgemerzt hat, ist nicht würdig, Philosoph genannt zu werden. Wer wissen will, muss bei Null anfangen. Er muss mit allen Erbschaften reinen Tisch machen. Denken kann jeder. Jede Tätigkeit verlangt Denken, aber wer nicht die Wahrheit (Wahrheit gehört wie Falschheit in den Bereich der Logik: Sie lässt sich nicht suchen und entdecken, sondern sie wird überprüft), sondern die Schlüssel der Erkenntnis sucht, kann sich nicht den Luxus des Glaubens leisten, er muss bei Null anfangen.

In philosophischen Fragen gibt es bekanntlich etwas Fürchterlicheres als die Unwissenheit, nämlich zu glauben, etwas zu wissen. Das Fürchterlichste jedoch ist, an etwas zu glauben, von dem man nichts weiß. Dieser Glaube ist das größte Hindernis auf einem Weg, auf dem andererseits der Überschuss an Vernunft ebenso schädlich ist wie ihr Mangel.

*

Die Verherrlichung des Glaubens durch die Herrschenden ist eine bekannte Strategie der Herrschaft. Es besteht kein Zweifel daran, dass die Förderung von Glaubensüberzeugungen eine wirksame Strategie der territorialen Einigung war und ist, sowohl auf persönlicher als auch auf kollektiver Ebene. Es wäre aber nicht so einfach, sie anzuwenden, wenn wir nicht den Wahn hätten, dem Wahrgenommenen die Kategorien unserer eigenen Wahrnehmung und dem Universum die Formen unseres Verstandes zuzuschreiben. Dem abendländischen Rationalisten fällt es schwer, das Unendliche anders als in seinen mathematischen Symbolen zu denken. Das Unendliche ist der Abgrund, die Angst, das Sichverlieren. Um es zu verdecken, musste man sich einen Ausgangspunkt und einen Endpunkt ausdenken. Der Kreis, der für die griechischen, aber auch für die orientalischen Philosophen die Vollkommenheit bedeutete, war dafür nicht geeignet. Im Kreis fällt der Anfang immer mit dem Ende zusammen, jeder Punkt des Umkreises ist das Alpha und das Omega. Es gibt keine individuelle Erlösung im Kreis. Nichts, was zyklisch ist, ist von Dauer. Alles verwandelt sich. Damit das Individuum erhalten bleibt, muss es sich als gerade Linie verstehen und diese Linie mit einem Anfang versehen, und dieser Anfang muss die Ursache aller Ursachen sein.

Die Vernunft ist jedoch ein Werkzeug, das darauf ausgelegt ist, dass wir es im Konkreten anwenden. Wenn wir mit diesem Werkzeug versuchen, das zu erfassen, was außerhalb seines Bereichs liegt, dann läuft die Vernunft leer, kehrt zu sich selbst zurück, reflektiert über ihr eigenes Wesen und wir werden ihre Modi, ihre Funktionen und ihre Struktur mit denen des vorgestellten Gegenstandes verwechseln. Anstatt das Universum zu erreichen, fängt sich die Verstandesspinne somit nur selbst.

Das meinte Francis Bacon, als er in seinem *Novum Organum Scientiarum* darauf hinwies, dass unsere Denkweise mit den

Mustern des Verstandes übereinstimmen und nicht mit denen des Universums. *Idola tribu*, Trugbilder der Gattung, nannte der Philosoph diese Klasse von Vorstellungen, die die Erkenntnis verfälschen und, wie er sagte, aus der Wankelmütigkeit des Individuums, seinen Leidenschaften, seiner Neigung zu Vorurteilen, der Schwäche seiner Sinne und der begrenzten Reichweite seiner Intelligenz entstehen. Daneben gibt es noch die Trugbilder der Höhle (*Idola specus*), die ebenso der besonderen Verfassung jedes Einzelnen wie seiner Erziehung, seinen Gewohnheiten und Umständen entsprechen, sowie die Trugbilder des Marktes (*Idola fori*), die aus der falschen Bedeutung und der Verwirrung der Wörter kommen; und schließlich die Trugbilder des Theaters (*Idola theatri*), die Fabeln, die von den unterschiedlichen philosophischen Systemen erfunden werden.

Zu diesen vier Arten illusorischer Vorstellungen fügte Max Scheler viel später noch eine weitere hinzu, nämlich die *Idola* der Selbsterkenntnis oder der Innenschau. Vielleicht wäre es interessant, jetzt die *Idola* der Wissenschaft hinzuzufügen, die das Instrument zum Wahrheitsdetektor machen und einen unbedingten Glauben an die logische Vernunft teilen.

*

Ursache und Wirkung, Anfang und Ende, Reduktion, Progression, Stagnation … Was für kümmerliche Begriffe für die Unermesslichkeit unserer Unwissenheit!

Immanuel Kant verglich die Erkenntnis mit einem Kreis, dessen Radius mit jeder Entdeckung ein wenig wachsen würde. Was außerhalb des Umfangs liegt, ist das Unerkannte. Welch unendliche Dimension ist das, im Vergleich zu dem Punkt, der, so sehr er sich auch ausdehnen und uns in Erstaunen versetzen mag, nie mehr sein wird als ein ungeschickter und immer überholter Beweis unserer Ohnmacht!

*

Ex homine, qui omnia mensurat. Der Mensch ist das Maß aller Dinge, schrieb Nikolaus von Kues 1458 in einem Buch, das den Titel *De beryllo* trägt. Der Beryll ist ein Mineral, das in verschiedenen Farben vorkommt, zum Beispiel grün als Smaragd oder blau als Aquamarin. Es gibt auch eine durchsichtige Varietät, auf die sich Cusanus bezieht. Der Gelehrte, der den Kristall seinen Augen anpassen könne, sei in der Lage, das unteilbare letzte Prinzip zu sehen. Dabei bediente er sich lediglich einer in früheren europäischen Traditionen bekannten Formel, die dem Beryll magische Eigenschaften in Bezug auf das Sehen zuschrieb.

Doch die Scholastiker und »anständigen« Philosophen lasen die Griechen durch Brillen, die von ihren eigenen Interessen beschlagen waren. Sie gingen dem Relativismus aus dem Weg, der ihre Gewissheiten auseinander nahm. Mit den Schriften von Aristoteles festigten sie ihre Theologie. Von den Griechen an war die sogenannte europäische *Philosophia* bis weit ins

20. Jahrhundert immer christliches Denken. Der patriarchale Gott hatte immer den Vorsitz.

Nein, der Mensch ist weder das Maß noch das Gewicht der Dinge. Das Maß und das Gewicht gehören jedem Punkt oder Kern, an dem sich für einen Augenblick die Handlung verdichtet und die Wege zusammenfinden. Licht ist das, was von diesen Paarungen ausgeht.

Nein, der Mensch ist von nichts das Maß. Jedes Ding wird nach seinem Gewicht gemessen und das Gewicht ist für den Menschen die Dichte seiner Blindheit.

ES IST NICHT VERDIENSTVOLL ZU GLAUBEN

Ist es tugendhaft zu glauben? Diese Frage stellte Voltaire in seinem *Philosophischen Wörterbuch.* Entweder-oder: Entweder erscheint dir das, woran du glaubst, als Wahrheit, dann ist es nicht verdienstvoll, es zu glauben. Oder es erscheint dir falsch, dann ist es aber unmöglich, dass du daran glaubst. Bertrand Russell hat den Gedankengang aufgegriffen und ihn leicht abgewandelt. Es ist keine große Leistung, etwas zu glauben. Es ist kein Verdienst, an etwas zu glauben, was wahr ist, und noch weniger, an etwas geglaubt zu haben, das sich als falsch herausgestellt hat. Die Abwandlung ist interessant. Voltaire meinte, es sei unmöglich, an etwas zu glauben, das uns falsch erscheint, aber er zog nicht die Möglichkeit in Betracht, dass wir an etwas Falsches glauben, ohne zu wissen, dass es falsch ist. Gerade darin besteht aber der Glaube: einer Sache zuzustimmen, von der man weder Wissen noch Erfahrung hat.

Ein Glaube ist eine Meinung, die Zustimmung geschaffen hat. Es gibt zwei Arten von Meinungen: solche, deren Behauptungen überprüft werden können, und solche, bei denen das nicht möglich ist. Bei den überprüfbaren Behauptungen können wir ermitteln, ob sie wahr oder falsch sind. Sobald sie überprüft sind, hören sie auf, Meinungen zu sein, unabhängig davon, ob sie bestätigt sind oder nicht. Wenn sie nicht überprüft werden können, ist es nutzlos, sie aufzustellen.

Aber der Wille ist äußerst biegsam und bereit, sich jeglicher Meinung anzuschließen, ob sie nun verifiziert werden kann oder nicht. Glauben ist ein geistiger Akt, bei dem die Vernunft auf bösartige Weise für Zwecke verwendet wird, die nicht der Erkenntnis angehören, sondern dem Willen, der sie in Wahrheitsmeinungen verwandelt, die auf willkürlichen Annahmen ohne Grundlagen beruhen. Es ist merkwürdig, dass gerade das Wort »fundamentalistisch« für Menschen verwendet wird, die einer Ideologie anhängen, die jeden Fundaments entbehrt oder deren Grundlagen ad hoc entwickelt werden.

Von Meinungen, die Zustimmung finden, sagt man, sie seien überzeugend. In jeder Überzeugung steckt eine Niederlage. Im spanischen Verb *convencer* (überzeugen, überreden) steckt das Verb *vencer* (besiegen). Jemanden bekehren – ihn besiegen – vergrößert die Anhängerschaft des Mächtigen. Je größer die Zahl der Überzeugten/Besiegten, desto größer die Stärke seines Heeres.

Aber wie in der Demokratie denken die Vielen (fast) nie mit Argumenten, sondern mit Überzeugungen. Die Vielen – die Mehrheit – werden von Ideen bewegt, denen sie anhängen und die sich häufig zu Glaubensbekenntnissen verfestigen. Die Ideen sind erstarrtes Denken. Regieren ist einfach, wenn das Denken starr wird. Wenn ein politischer Führer sich einen bequemen Feind geschaffen hat und es ihm gelingt, die unterworfenen Völker um dieselbe Idee zu scharen, ist seine Herrschaft gesichert.

*

Von allen Meinungen ist jene der Mehrheit niemals die weiseste. Von allen Diktaturen ist jene der Mehrheit die gefährlichste. Die Demokratie ist die Rechtfertigung der Gewalt, die Wenige im Schutz der Vielen ausüben.

Wovon wird die Mehrheit bewegt? In der Regel vom Hunger. Vor allem vom Hunger des Körpers, dann vom Hunger des Willens: vom Verlangen, etwas zu haben, vom Machtdrang, vom Neid. Das sind die Formen der Gewalt. Die Stimme jedes Lebewesens schreit seinen Hunger heraus. Nichts vermag die abweichenden Stimmen besser zu vereinen als die Notwendigkeit, den Hunger des Körpers zu stillen. Sobald er aber befriedigt ist, schlägt der Wille andere Irrwege ein und nimmt unterschiedliche Formen an, in denen sich der Hunger zeigt. Eine der schädlichsten Formen ist der Wunsch nach Ewigkeit, der den Glauben anstachelt.

*

Wir fordern Rechte, die wir nicht haben, aber wir üben nicht das Recht aus, das wir besitzen, nämlich das Recht zu denken, schrieb Kierkegaard.

Ohne Bewusstseinsbildung, ohne das nötige Wissen, das zur Aufgabe des Eigeninteresses führt, sind die Ansichten der Mehrheit für gewöhnlich weder richtiger noch ihre Urteile vorurteilsloser. Sie dienen nur ihren Interessen.

Außer in Gesellschaften, deren Individuen geübt sind, richtig zu denken, und die sich für das Gemeinwohl engagieren, ist jedes politische System, das auf dem Willen der Mehrheit gründet, ein System, in dem Wiederholung, Nachahmung und Dummheit vorherrschen.

Welche Alternative gibt es also? Wie könnte man regieren, ohne Gewalt mit Gewalt zu beantworten?

Demokratie müsste von Individuen ausgeübt werden, die fähig sind, sich selbst zu beherrschen. Die dazu nötige Bildung beginnt mit der »Selbst«-Erkenntnis. Und diese wird nur durch die Beobachtung des eigenen Verstandes erreicht. Niemand, der das Wesen seines Verstandes nicht kennt, wird fähig sein, sich selbst zu beherrschen.

Dann hätte es Sinn, an eine Weltbürgerschaft zu denken.

Demokratie kann nur durch die *politische* Bildung jedes ihrer Mitglieder wirksam sein. Das Politische ist das, was die *Polis*, die Gemeinschaft betrifft. Wenn wir den Begriff weiter verwenden wollen, müssen wir aufhören, die Gemeinschaft als das Gegenteil der Natur zu verstehen. Die Gemeinschaft ist heute das globale Gebiet, das wir besetzen. Die Kenntnis dieses Gebietes ist die Kenntnis des Organismus mit unendlich vielen Gesichtern, von dem wir ein Teil sind. Es gibt nichts Unbelebtes in dieser Welt. Es gibt nichts, das nicht Klang hat, dessen Resonanz die Komposition nicht minimal beeinflusst.

*

An dieser Stelle sollte ich besser schweigen. Ich habe hier schon zu viele Meinungen geäußert, als dass ich mich unberührt von dem, was ich verurteile, wähnen könnte. Mich rettet hingegen die Gewohnheit, meine eigenen Erzählungen mit einer gewissen Skepsis und genügend Distanz zu hören, so dass es mir nichts ausmacht, nachts das aufzulösen, was ich tagsüber gewebt habe.

DER FINGER IN DER WUNDE

Ein Kind legt – buchstäblich – den Finger in die Wunde.

Nicht um zu glauben, nicht um auf die Wunde zu zeigen, sondern um das Blut aufzuhalten, das hervorsprudelt. Es legt den Finger in die Wunde von jemandem, der im Sterben liegt.

Die Erzählung erhält plötzlich Sinn. Einen anderen Sinn.

DAS GEWICHT DER GLÄUBIGEN

Verliert nicht die Hoffnung!, sagen sie den Gläubigen, die sich ohne Wasser in den Netzen winden und nach Luft schnappen.

> Hoffen: in Begriffen des Nochmaligen, der Wiederholung denken. Verhaltensmuster einrichten, in Übereinstimmung mit dem Vorhergehenden leben. Sich auf etwas Kommendes beziehen, das in Übereinstimmung mit dem Gewesenen ist. In eine einzige Richtung denken, die Abzweigungen, die Ausbrüche, die Unfälle und Zufälle, die mögliche – mögliche? – Freiheit ignorieren.

Was könnte jemanden enttäuschen, der nichts erhofft?

Verliert jede Hoffnung, Freunde! Erkennt das Netz unter dem Wasser! Das ist der Preis eurer Freiheit.

*

Du näherst dich dem jungen Spatzen, der beim Fenster hereingeflogen ist. Vorsichtig streckst du deine Hand aus, und er fliegt in die Mitte des Zimmers davon. Du willst ihn wieder ins Freie bringen und versuchst es noch einmal: Der Spatz rennt in Deckung und verschwindet in dem schmalen Spalt zwischen Schrank und Wand. Draußen hörst du die Lebenden zwitschern.

*

Das Geschwätz der Menschen. Ihre dummen Interessen.

Ein Atom von Hellsichtigkeit lässt die Waage nicht schwanken.

Das Gewicht der Gläubigen ist größer,

Zu groß ihre Zahl.

*

Ladet mich zur Taubheit ein! Ich möchte wieder der gutgläubige Held von damals sein. Betrüger aus dem Nichts heraus, aber letztlich unschuldig.

ASKESE UND GLAUBE

Entgegen der oft geäußerten Vermutung haben asketische Praktiken und Erkenntniswege nie etwas mit dem Glauben zu tun gehabt. Der Glaube entspringt weder aus ihnen, noch führt er zu ihnen. Genauso wenig wie die Methoden der geistigen Achtsamkeit, ganz im Gegenteil. Wenn wir sie verwechseln, dann deshalb, weil sie missverstanden, weitgehend verdorben, in rituelle Praktiken umgewandelt und in Verbindung mit den liturgischen Riten zu uns gekommen sind, die die Kirchen benutzen, um sich zu behaupten und ihre Dogmen zu verschleiern.

Ich würde gerne sagen, dass der Missbrauch der Perle ihren Glanz nicht trübt, aber das stimmt nicht, denn ohne den Kontakt mit dem natürlichen Licht, in brackigem Wasser versunken, verliert die Perle ihren Glanz und ihre Weiße.

*

Gewiss haben die meisten Asketen ihren Weg in irgendeiner religiösen Gemeinschaft begonnen. Es ist auch sicher, dass sie sich von ihrem Besitz trennen mussten, um Teil der Gemeinschaft zu werden. Das ist ein erster Schritt auf dem Weg der Entsagung, aber es ist weder der letzte noch der wichtigste. Wer den Weg weitergeht, muss sich noch von vielen anderen Habseligkeiten lösen, die, weil sie innerlich sind, viel stärker an einem haften. Jedes Verhaftetsein ist Ballast, jeder Glaube eine Fessel.

Sich von den inneren Habseligkeiten zu lösen, heißt sich von sich selbst zu lösen.

Das Selbst ist eine Ansammlung von Gewohnheiten und Wiederholungen. Das Selbst ist »dasselbe« durch die Wiederholung.

Das Selbst ist das, worauf wir uns beziehen, wenn wir »ich« sagen. Auf dem Weg der Bekehrung oder Verwandlung verlieren sich unsere Gewohnheiten, die gewohnten Gesten werden uns fremd. Die Fremdheit erreicht die dunkelsten und unerwartetsten Winkel des Alltags. Das Gewohnte wird überraschend. Das »Normale« wird unverständlich.

Niemand, der nicht auf sich selbst verzichtet, kann seinem Gott begegnen. Gott ist ein Element der Methode in der Phase der Loslösung. Er ist Teil des Weges. Aber es genügt nicht, den Weg zu gehen, sondern wir müssen Gott einholen und in ihm aufgehen. In Gott aufgehen bedeutet, auf »sich selbst« verzichtet zu haben.

In Gott aufzugehen, bedeutet den Abstand aufzuheben, der das Zwiegespräch ermöglicht. In Gott selbst aufzugehen, heißt, den Gesprächspartner zu verlieren. Ohne Gesprächspartner verliert der Wanderer seine Stimme. Er verstummt. Stumm, sprachlos, ohne Stimme, mit verschlossenem Mund (*mystés*): der Verstummte, der *Mystikós*.

Aber auch das ist nicht das Ende des Weges. Der Verzicht auf Gott selbst ist in dieser Etappe des Weges die letzte, die härteste

Probe. Denn er ist der Einzige, an den der besitzlose Initiierte sich klammern kann. Wenn er die Probe besteht, wenn er ohne Gott ist, der das »Selbst« ersetzt, wenn er ohne Selbstsein ist, auf das er zurückgreifen kann, in völliger Beziehungslosigkeit, in unvorstellbarer Nacktheit, dann wird er bereit sein, zur Welt zurückzukehren. Er wird die Unzahl von Formen betrachten, die in ihrem Sein oder Wesen zu beharren versuchen, die Gewalt, mit der der Hunger das Leben stützt, und er wird spüren, wie an der nun selbstlosen Stelle ein riesiges Mitgefühl wächst.

*

Der Weg der Götter ist nicht der direkteste Weg. Man braucht keinen Gott, um zum anderen zu gelangen. Die Götter sind die Werkzeuge, derer man sich bedienen kann.

Um zum anderen zu gelangen, muss man nur zur Ruhe kommen und hinter das Ich zurückgehen, hinter die persönliche Geschichte, die uns bestimmt, unterscheidet und trennt.

Niemand, der mit Glauben und illusorischen Paradiesen belastet ist, wird diese gemeinsamen Gebiete je betreten können.

DIE GRENZEN DES ANDEREN

Ein Mann ist zusammengebrochen. Ein junger Mann mit dunkler Hautfarbe. Man hörte ein dumpfes Geräusch, als sein Kopf auf den Boden des Waggons aufschlug. Die Wasserflasche, die er in der Hand hielt, rollte zur Seite. Seine Glieder zuckten krampfartig, erratisch. Alle Köpfe drehten sich zu ihm, Hände wurden ausgestreckt, Körper näherten sich. Eine Frau nahm die Wasserflasche, öffnete sie und besprengte das Gesicht, den Körper, die Arme des Jugendlichen, der plötzlich erwachte und sich benommen aufrichtete. Der Brillant in seinem Ohrläppchen glänzte.

Alle Anwesenden sind ihm zu Hilfe geeilt, die einen geschickter, die anderen ungeschickter, haben sich auf ihn gestürzt, alle außer mir, die ich reglos stehen blieb, als ob die Welt ein Film wäre, den ich in Gedanken versunken und abwesend anschauen würde, so wie ich es als Kind tat. Nicht mit Gleichgültigkeit, nein, sondern mit den Empfindungen und Gefühlen, die ein Zuschauer erfahren würde. Der Zuschauer ist berührt, aber sein Körper rührt sich nicht. Die Gesten laufen nur innerlich ab. Man eilt zu Hilfe, man könnte sogar meinen, dass man etwas sagt, dass man eingreift, aber in Wirklichkeit kommt kein Laut über die Lippen, keine Bewegung findet statt. Sonderbare, nur scheinbare Gleichgültigkeit, eine merkwürdige Zurückhaltung, die mit der Zeit zum Naturell wird. So ist es bei mir. Von Anfang an. Es ist, als ob das Schauspiel der Welt sich vor mir abspielen würde. So existierte ich, so existiere ich noch oft, drinnen und draußen zugleich, mit der Überzeugung, unsichtbar zu sein.

Zuschauerin der Welt eher als Handelnde. In sie eingetaucht wie ein Geist. Die Welt ereignete sich und ich beobachtete sie mit dem Eindruck – oder es war kein Eindruck, da es keine Reflexion gab -, unsichtbar zu sein, oder vielmehr körperlos und stumm. Schau die Leute nicht so an, sagte mir meine Großmutter, als sie in der Straßenbahn ahnte, dass meine Blicke die mir gegenübersitzende Person stören könnte. Die durchdringenden Blicke stören, so scheint es. Es gibt eine gewisse Furcht, die Distanz zu verlieren, die uns schützt und die wir Intimität nennen. Mir war nicht bewusst, dass ich jemanden ansah, etwas in mir lebte einfach in der Fremde. Ich glaube, dass ich wusste, noch bevor die Vernunft ins Spiel kam, wie man sich, wie man so sagt, »in den anderen hineinversetzt«. Es geschah, ohne dass ich es wollte. Ohne Gedanken, ohne Willen drang etwas von mir in diese Innerlichkeit ein. Ich kannte den anderen, so wie Katzen etwas kennen. Es gab in diesem Sich-in-den-anderen-Versetzen kein Ich, mich gab es nicht. Kaum gebildet war mein Ich bereits schwerelos, und jetzt denke ich, dass diese Leichtigkeit der Grund dafür war, dass es mir leicht fiel, die schützenden Membranen der anderen zu durchdringen, die oft so fest wie Masken werden.

Als ich im Internat aufwuchs, war ich ein stummes Gespenst unter meinen Kameraden. Alles fand neben mir statt. Nichts schien mich zu betreffen, jedenfalls nicht direkt. Ich musste nicht lernen still zu sein. Das Schweigen, das unsere Erzieher so schätzten, war bei mir keine Tugend, sondern es war mein Naturell. Ich lernte die Welt kennen, so wie man ein Schauspiel kennenlernt, in dem die Ursachen und Wirkungen, die Reize und Reaktionen, die Verkettungen verstanden werden, ohne dass man darüber nachdenken muss. Ich wusste, wie ein Zuschauer weiß, wie die Figuren vibrieren, die sich auf der Bühne bewegen. Ich wusste es und ich spürte sie. Ich fühlte sie vibrieren, ohne dass sie sich bewegen mussten, ohne dass ihre Körper einen Gemütszustand oder ihr Sprechen ihre Gedanken verraten mussten. Ich spürte sie und erkannte sie wieder, ich fühlte mich in sie hinein, ich bewohnte sie. So wie ich in jene Frau eindrang, die mir in der Straßenbahn gegenübersaß, und von deren Innerlichkeit ich mich im selben Augenblick abwandte, in dem ich den Blick von ihr lassen musste. Dieser Augenblick macht es mir jetzt möglich, davon zu erzählen, denn im selben Augenblick, als sie mich zwangen, mich zu lösen, erlangte ich das Bewusstsein von der Reise und der doppelten Dimension meiner Person.

EINSAMKEITEN / DER REGEN
FÜR EINE ETHIK DES MITGEFÜHLS

Es war Regen nötig, seine ruhige Diachronie, seine beruhigende Beharrlichkeit, damit ich mein Handy, meinen Computer und andere Werkzeuge der Zerstreuung ausschaltete und wieder das Bedürfnis verspürte, mich auf den Dachboden zu flüchten.

Es war Regen nötig, damit der Lärm aufhört, der die Spinne in ihrem Netz beschäftigt, und damit ich mich an den fernen Punkt versetze, von dem aus ich über ihr Kommen und Gehen nachdenken kann. Die Spinne. Die Verstandes-Spinne.

Das Geräusch der Regentropfen auf dem schrägen Glas wurde lauter und bildete ein Geräuschgewölbe.

Alles, was ich von mir selbst in der einfachen und offenbaren Materialität der Erfahrung erkennen kann, ist meine Einsamkeit, schrieb Miguel Morey im Vorwort zu seinen *Pequeñas doctrinas*.

Die Einsamkeit ist nur dann beängstigend, wenn wir beginnen, sie aus den Augen zu verlieren. Nun, da ich die Sehnsucht und den Wunsch zu fliehen gestillt habe, finde ich sie als notwendige und freundliche Begleiterin wieder.

*

Die Anerkennung der radikalen Einsamkeit ist der Ausgangspunkt für eine Ethik des Mitgefühls. Niemand, der darin verfangen ist, was Kant die Unmündigkeit genannt hat, kann zu ihr gelangen. Gänzlich damit beschäftigt, die auferlegte Moral zu akzeptieren oder sich gegen sie zu wehren, kann der Unmündige nicht weiter als die logische Entsprechung sehen: »Was du nicht willst, das man dir tut, das füg auch deinem Nächsten nicht zu.« Der *Nächste*: der Ähnliche, mit dem man Kompromisse schließen muss, um zusammenleben zu können, den man sich nicht zum Feind machen soll. Jenseits der Grenze, außerhalb des Kreises der Ähnlichen, stehen aber alle Verbannten, die anderen, die Fremden, die Nicht-Freunde, die *Inimici*, die Feinde.

Die Mündigkeit ist die Fähigkeit, den Kreis zu verlassen, die Grenzen zu überschreiten, die engen und dichotomischen Grenzen des alten Gesetzes der Äquivalenz zu überwinden, um in das viel zwiespältigere Gebiet des Mitgefühls vorzudringen.

*

Die Ethik des Mitgefühls beginnt mit der Selbsterkenntnis, zu der man nicht ohne Konflikt gelangt. Denn wie soll man sich so weit von sich selbst trennen, dass man *sich selbst* beobachten kann? Wie kann man der Spinne beim Spinnen zusehen, ohne sich in ihrem Netz zu verfangen?

Vielleicht wäre es nützlich, die alten Zöpfe abzuschneiden, aufzuhören, Sklaven der Grammatik zu sein und, anstatt sich an die Rückbezüglichkeit/Reflexivität zu klammern, die Neutralität der Infinitive zu wählen. Wenn es kein Subjekt der Handlung gibt, kann man sich selbst beobachten.

ZOETROP
DAS TEUFELSRAD

1834 erfand der Mathematiker William George Horner ein Spielzeug, das er *Daedaleum* nannte, nach dem Architekten Daidalos, der nicht nur das Labyrinth erfunden hat, sondern, wie es heißt, auch bewegte Bilder. Das Gerät, das ein Vorläufer des Kinematographen war und später unter dem Namen Zoetrop oder auch als Teufelsrad bekannt wurde, bestand aus einer Trommel, die sich um ihre eigene Achse drehte, wenn man mit der Hand eine Druckbewegung ausübte. Im Innern waren Figuren gezeichnet, die man durch senkrechte Schlitze sehen konnte. Wenn man sie betrachtete, während sich die Trommel drehte, hatte man den Eindruck, dass sie lebendig waren. Je schneller die Trommel sich drehte, desto lebendiger erschienen sie.

Die Maschine des Verstandes ist zwar wesentlich komplexer, unterscheidet sich aber nicht sehr von diesem Gerät. Das Begehren bringt die Bilder in Bewegung und sie erhalten Realität, zumindest erscheint uns das so.

Mit der Zeit erhielt Horners Spielzeug größere Dimensionen, die Geschichten wurden komplexer, die Bilder zahlreicher, die Zeichnungen wurden durch Fotos ersetzt und das Zelluloid wurde vom digitalen Bild abgelöst. So vermehren sich auch die geistigen Bilder im Verlauf einer Existenz, häufen sich an, überschlagen sich in der langen Kette von Bindegliedern, die schließlich gemeinsam das bilden, was wir eine Lebensgeschichte nennen.

Aber so unterschiedlich die Geschichten auch sind, das Material, mit dem die Handlungen hergestellt werden, ist im Wesentlichen dasselbe, das, was Kierkegaard als Illusionen und *Phantasmen* beschrieb, ebenso ungreifbar wie die unmöglichen Bestandteile des Gleipnirfadens, mit dem die Götter den Fenriswolf fesselten.

*

Der Wille zum Erzählen von Geschichten. Der Wille zur Geschichte. Bewegungsbild. So neigt der Verstand dazu, das Wahrgenommene kausal zu verknüpfen, sich endlos Geschichten zu erzählen. Sich selbst zu erzählen. Ohne Geschichte ist der Schwätzer seiner Mittel beraubt, verwirrt, und durch jene seltsame Extrapolation, die wir von der Funktion zum Begriff vornehmen, sagen wir, dass wir verloren sind. *Wer* verliert sich? Wer oder was außer dem Schwätzer? Und er, existiert er denn? Was ist er denn außer seinen *Phantasmen*? Existiert vielleicht das, was wir »Verstand« oder »Geist« nennen, oder gibt es nur eine Funktion, nämlich die, Bilder zu verketten?

*

Wahrnehmen. Auffassen. Erfassen. Geschult durch die Jagd, deutet und erzählt der Verstandesapparat die Reize, die er einfängt. Das wäre nicht weiter schlimm, wenn nicht ein bestimmtes Element, das im System wohnt, der Geschichte den Glauben hinzufügt, dass ein »Ich« derjenige ist, der erzählt. Wir glauben nicht nur an das, was erzählt wird, sondern wir glauben auch, dass wir derjenige sind, der erzählt. Wir sagen: »ich« denke, »ich« fühle, »ich« war, »ich« sagte.

Aber hinter dem Denken gibt es niemanden. Niemand steht hinter dem Wahrnehmungsorgan.

Wenn wir den Verstand für einen Moment anhalten würden, wenn die Funktion aufhören würde, was würden wir dann sehen? Welche Geschichte könnten wir uns erzählen? Was wäre, wenn wir für einen Augenblick innehalten würden, ohne Bewusstsein und Kenntnis davon, was war, ohne Erinnerung?

*

Es ist wichtig, die Reise der Bilder zu beobachten. Es ist wichtig, ihr Wesen zu kennen, um zu verstehen, dass da niemand ist, und dass deshalb, unter anderem, diese Literatur, die wir so sehr mögen, in der ein Ich sich über sein Schicksal beklagt, dermaßen pathetisch ist.

*

Wir sind nicht, wir existieren. Die Existenz ist ein Atemhauch, der zusammen mit dem Bewusstsein der Welt in einem seiner Abschnitte vergeht. Wir nehmen an, dass es »jemanden« in diesem Prozess des Am-Leben-Seins gibt. Aber da ist niemand. Es gibt nur den Prozess, Eindrücke, die sich in Bildern oder Fotogrammen ausdrücken, denen die Bewegung Kontinuität verleiht. Die Illusion der Kontinuität. Zoetrop, Praxinoskop für denjenigen, der sich entscheidet, Beobachter zu sein und die Bühne durch die Spalten zu betrachten.

*

Die Gegenwart ist Nicht-Zeit, Unzeitlichkeit für das Bewusstsein, das plötzlich ruhig wird und die Bewegung des Rades aufhält: die Begehrenstätigkeit, den Willen, der in Bewegung setzt, der die Anziehung, den Antrieb der Bilder von vorne bis hinten und wieder rückwärts gewährleistet. Das Begehren ist das zwieträchtige Bindeglied, der unharmonische Antrieb, der das Gleichgewicht durcheinanderbringt und die Teilchen zum Tanzen bringt. Und somit in jedem Teil des Universums. Somit das Universum.

*

In mir ist niemand. Im Ich ist in Wahrheit niemand.

Nur ein Wille, der in jedem seiner Bestandteile beharren will. Ein Organismus, der mit tausend Stimmen pulsiert. Echo des großen Pochens, des Universum-Pulses.

Und zwischen jeder Stimme, wie Leuchtspuren, seine Resonanz.

NEUTRALITÄT

Der Juli geht im Eisregen zugrunde. Der Wind packt die Kamillenblütenherzen und lässt nicht zu, dass sie sich öffnen.

Ich stelle fest, wie leicht sich das Bewusstsein wieder mit dem endlosen mentalen Diskurs identifiziert, wie schnell es seine Aufmerksamkeit verliert und sich zurückzieht wie eine Eidechse, die im Kampf ihren Schwanz verloren hat.

Die Angst verlängert das Gefühl der Verletzung und verwandelt es in Schmerz. Die Angst ist die Vorstellung von Angst, die die Eingeweide zuschnürt. Die Angst ist die Falte. Die Angst ist das Ich, das dazu neigt, sich zu wiederholen, sich wieder zurückzufalten, immer an derselben Stelle zu falten.

*

Wie treffe ich die ganze Herde mit einem einzigen Pfeil?, fragte der Jäger.

Ziele auf dich selbst!, antwortete der Einsiedler.

Ich weiß nicht, wie ich mich dafür positionieren soll, antwortete der Jäger.

Freud wollte die ganze Herde auf die Einheit reduzieren. Deleuze (oder Guattari) sagte über Freud, er habe die Gabe gehabt, die Wahrheit zu streifen und an ihr vorbeizugehen. Freud habe nicht begriffen, dass das eigene Unbewusste vor allem eine Vielheit ist. Freud sei kurzsichtig und taub gewesen, habe die Vielheit mit der Person verwechselt. Deleuze wusste, dass die Wölfe immer im Rudel auftreten. Er verstand das Unbewusste als Rudel, Menge, Intensitäten, Fluktuationen, kollektive Bewegungen, Stämme, Rizom. Und als Organizität.

Es geht nicht um die Reduktion auf Einheit. Es geht um Beobachtung. Das Ich ist nicht das Unbewusste, das Ich ist der Prozess.

Nur wenn man das Geistige analysiert und seziert, wird es gelingen, das Rudel zu vermehren.

Die Vielheit auf das Eine reduzieren zu wollen, führt nur dazu, dass man eins mehr hinzufügt.

Es gibt nichts zu reduzieren und viel zu beobachten.

Es geht nicht um Analyse. Es geht darum, zu wissen, wie man sich positioniert. Um den Blickpunkt. Sich konzentrieren. Sich beruhigen.

Und in Ruhe zu zielen.

Leere der Vielen. Nicht Reduktion, sondern Neutralisierung.

*

Zusehen, wie der Verstand ausrastet.

Sein Kommen und Gehen beobachten. Gedächtnisbilder, die Zukunftsbilder errichten, die ihrerseits die Gefühlsseiten anschlagen und neue Gedächtnisbilder verketten und so weiter.

Zusehen, wie die Zeit sich bildet. Den Entwicklungen des Ichs beiwohnen, ohne sich einzumischen. In seiner Rede keine Spur von Identität finden.

Keine neuen Ursachen zu den Wirkungen hinzufügen.

Das ist das Wesen der Neutralität.

*

Hinter dem Ich, unterschiedslos, ist der seelenruhig Beobachtende fähig, die allgemeine Dimension der Gefühle und den Keim aller Handlungen zu erkennen.

Dort ist also das einsame Tier. Jenes, das unter der Erde läuft. Das Tier-in-mir. Jenseits von mir.

DAS TIER-IN-MIR

Mein Tier wartet. Geduldig. Mit offenen Augen. Reglos. Es wartet, dass ich es beachte. Es fordert es nicht. Seine Art zu verlangen ist das Warten. Wenn es mich in meinen Spinnfäden verfangen sieht, macht es keinen Schritt. Es ist schön. Wenn es regnet, rollt es sich zusammen wie eine Katze. Aber wenn ich es anschaue, steht es auf, setzt sich auf die Hinterbeine und starrt mich an, wobei seine großen runden Augen auf das unmerklichste Zeichen achten. Es weiß, dass meine Fäden stark sind, dass das Gewebe wie ein Spinnennetz das Gewicht jedes Körpers aushält. Jene Körper, die die Verstandesspinne, die alles verarbeitet, sofort mit ihrem Speichel einhüllt. Es wartet aber. Wacht. Es weiß, dass es Löcher gibt. Einige gehen nach unten, andere gehen durch. Daher das Warten. Das Wachen.

Zweites Buch

MERMEROS
ODER DAS MITGEFÜHL

La communauté des victimes est la même que celle
qui unit la victime au bourreau.
*Mais le bourreau ne le sait pas.**
Albert Camus

---

* »Die Gemeinschaft der Opfer ist die gleiche, die das Opfer mit dem Henker verbindet. Aber der Henker weiß es nicht.«

MERMEROS' HAND

Lars von Trier: *Medea, 1988*

58:59

Medea. Stehend. Im Morgengrauen. Sie schaut ihre Kinder an, die in ein Tierfell gehüllt schlafen. Dann den Strick, den sie in ihren Händen hält. Dann den toten Baum auf dem Hügel. Mermeros ist erwacht. Er sieht sie an. Medea wendet sich ab, kauert sich ins hohe Gras, versteckt ihr Gesicht in ihren Händen. Die Grashalme wiegen sich im Wind.

Mermeros legt seine Hand auf ihre Schulter.

– Ich weiß, was geschehen wird, sagt er sanft.

Das Gras. Hoch. Seine Ähren. Golden. Sich wiegend.

1:00:34

Medea knüpft den Strick an einen Ast des toten Baumes.

– Was wirst du an diesen Strick hängen?, fragt Pheres, der jüngere Bruder.

– Das, was ich liebe, antwortet Medea.

Der kleine Bruder läuft lachend den Hügel hinunter. Mermeros fängt ihn ein, trägt ihn zurück. Medea hebt ihn auf. Sie schlingt den Strick um den zarten Hals. Das Kind wehrt sich, weint. Medea sieht ihm in die Augen, wie es eine Mutter tut, wenn sie ihr Kind beruhigt. Sein Bruder hält seine Beine fest.

1:03:38

Medea. Vom toten Baum abgewandt. Von uns abgewandt. Von sich selbst abgewandt. Kauernd. Niedergeschlagen. Mermeros legt den Kopf auf ihren Rücken. Er steht wieder auf. Reicht ihr den Strick.

– Hilf mir, Mutter, sagt er.

Das Gras. Wie transparent.

1:04:1-1:05:10

Mermeros knüpft den Strick an den anderen Ast des toten Baumes. Er schlingt ihn um seinen Nacken. Wartet. Medea hält ihn mit ausgestreckten Armen. Sie schwankt.

1:11:40

Medea sitzt am Bug des Schiffes. Mit dem Rücken zum Horizont. Die Beine angezogen. Den Oberkörper aufrecht. Den

Blick nach innen gewandt. Hinter ihr, auf der Rückenlehne der Bank, ein Schafsfell.

Die Besatzung wartet auf das Einlaufen der Flut. Sie rollen die Segel aus.

MEDEA

Eine Ethik des Mitgefühls wird das Leben nicht besser machen. Das System des Hungers wird bleiben, was es ist. Aber vielleicht wird es erträglicher. Verstehen und sich verstanden wissen ist kein Heilmittel, aber ein Balsam.

Mitfühlen ist einfach, wenn der Leidende ein Opfer ist. Wir können uns besser mit ihm identifizieren als mit dem Täter, den wir jedoch brauchen, wie wir jede Verkörperung des Bösen brauchen, um unsere Wut, unseren Groll an ihm auszulassen. Doch obwohl wir uns gerne in ruhigen Gewässern gespiegelt sehen, wissen wir, dass kein Gewaltausbruch uns fremd ist und dass, wenn es uns nicht gelingt, uns von den zahllosen Spielarten der Gefühlsduselei und der Moral zu lösen, das Mitgefühl, das echte und schwierige Mitgefühl nicht möglich sein wird.

Ich schlage vor, wir suchen uns das schlimmste Verbrechen aus, das es gibt, und versuchen, seine Quelle ausfindig zu machen: den Schmerz, der sich in Wut verwandelt, die blutende Wunde der Verachtung und des Verlassenseins, das Bedürfnis, zurückzuschlagen, um wieder aufzustehen oder nicht vergessen zu werden, den bitteren Geschmack der Rache. Dringen wir bis zu den wesentlichen Bedingungen dieser Gefühle vor. Alle Gefühle haben eine gemeinsame Wurzel, und in dem Maße, in dem wir in der Lage sind, sie zu entdecken, werden wir auch Mitgefühl empfinden können.

Aber wie sollte man Medea verstehen können? Wer könnte uns den Weg weisen?

*

Die Figur der Medea ist reichlich bekannt. Als Schuldige oder als Opfer diente ihre Gestalt den unterschiedlichsten ideologischen Positionen. Von ihren Söhnen hingegen, die sie tötete, um den Verrat des undankbaren und habgierigen Jason zu rächen, kennt man kaum mehr als die Namen. Mermeros und Pheres spielen in der Geschichte keine Rolle. Sie sind Boten, Opfer, aber sie haben keine eigene Stimme und daher keinen Charakter. Sie sind bloße Werkzeuge im Dienst der Entfaltung der Handlung. Doch oft liegt an den Rändern einer Handlung – und der Geschichte – das Wesentliche verborgen. Jedes Verbrechen ist eine Beziehung zwischen Henker und Opfer, eine Beziehung, die intimer nicht sein könnte, da das Leben selbst auf dem Spiel steht und noch mehr, wenn es sich um einen Kindermord handelt. Nirgends erhalten die Worte des französisch-algerischen Schriftstellers mehr Sinn als hier: »Die Gemeinschaft der Opfer ist die gleiche, die das Opfer mit dem Henker verbindet. Aber der Henker weiß es nicht.« Von dieser komplexen Komplizenschaft, dieser Verdoppelung von dem, was wir sind, in unseren fürchterlichsten Taten, muss nun die Rede sein.

Zu diesem Zweck schlage ich vor, sich mit Medeas Schicksal in der Version von Lars von Trier zu befassen, denn niemand hat es besser verstanden als er, die Elemente des Verbrechens zu zeigen und den Söhnen die Rolle zu geben, die sie verdienen.

*

Euripides' *Medea* wurde zum ersten Mal im Jahr 431 vor Christus aufgeführt. Seitdem sind unzählige Versionen entstanden. Fast alle stellen die Überschreitung der Norm, die Pervertierung und das Verbrechen in den Mittelpunkt. Voltaire zögerte nicht, Corneilles Version von 1635 scharf zu kritisieren: »*Medea* ist die Geschichte einer schlechten Frau, die sich an einem ehrlosen Mann rächt; solche Figuren interessieren niemanden«, erklärte er. Aber Voltaire irrte sich. Corneilles Tragödie hatte großen Erfolg und Senecas Version, die ihre Quelle ist, wurde zum Vorbild für die meisten nachfolgenden Bearbeitungen.

Keiner dieser Dramatiker interessierte sich dafür, die Deutung gewisser historischer Quellen in Betracht zu ziehen, die dem Volk von Korinth den Mord an Medeas Kindern zuschrieben. Die Korinther hätten die Kinder gesteinigt aufgrund des Todes der Tochter ihres Königs Kreon, für den sie Medea verantwortlich machten, und hätten Euripides dafür bezahlt, die Geschichte mit vertauschten Rollen zu erzählen. Christa Wolf hat sich von diesen Quellen inspirieren lassen, um in ihrem Roman von 1998 einen interessanten Kontrast zu bieten, in dem Medea das Opfer ist und das Volk der Henker. Aber ... *Il ne faut pas rapetisser les mythes*, man darf die Mythen nicht kleinmachen, würde Antonin Artaud sagen. Die Maßlosigkeit

Medeas ist sicherlich abscheulich, aber sollten wir vielleicht die Abscheulichkeit des Menschen verdecken?

Hinter dem, was wir abscheulich finden, versteckt sich nämlich etwas, das wir nicht verstehen. Abscheulichkeit ist ein moralisches Urteil. Es gibt kein moralisches Urteil ohne eine moralische Norm, und kein tiefes Mitgefühl kann aus ihr entstehen. Wenn man die Natur des Menschen verstehen will, muss man auf das Gesetz verzichten und aus seinem engen Kreis treten, muss man alle Einhegungen verlassen.

Wir werden nie ausreichend verstehen, wie wenige kleine Schritte die idealen, durch Gesetze geschützten Gemeinschaften von der Hölle trennen. Die große Lehre ihrer Geschichte besteht in der Gewalt des Aktes, in der Überschreitung, in Medeas Mut, in ihrer Selbstermächtigung, in der doppelten Dimension ihres Leidens, in diesem äußersten Gegensatz zu den gewöhnlichsten Interessen. Und wenn wir uns an die Fakten klammern, werden wir in uns nicht das Verständnis erwecken können, das über die Schranken des Gelernten hinausgeht und uns zu weniger bekannten Orten führt. Die Tatsachen sind das, was wir abstecken. Wir ziehen einen Rahmen, ein Fenster in der Landschaft, fokussieren uns auf eine Geste und sagen: Das ist passiert, das sind die Tatsachen. Davon ausgehend erfinden wir eine Geschichte, die so ist, wie jede Geschichte sein muss, nämlich sich in einer geordneten Abfolge vollziehend, in einer Ordnung, damit die Zeit entsteht und die Dinge Sinn ergeben. Einen Sinn, das heißt eine Richtung. So lesen wir die Erzählung und auch die

Geschichte, mit dem Zeigefinger, der dem Text folgt, damit wir uns nicht in den Leerräumen verlieren, die die Buchstaben verbinden. Die Wirklichkeit ist aber nicht linear. Die Verbindungen gehen in alle Richtungen, sie unterbrechen, sie brechen ab, sie keimen an unerwarteten Stellen auf, sie durchbrechen die Muster, die wir herzustellen versuchen, um das Pulsieren einzudämmen und uns einordnen zu können. Ohne Linie, der wir folgen können, scheint es keinen Verstand, kein Verständnis zu geben. Verstehen heißt immer Wiedererkennen. Wiedererkennen heißt zurückblicken. Deshalb gibt es die Linien. Um zurückkehren zu können. Daher die Wiederholungen. Um etwas nachzuholen, um etwas wiederzugewinnen. Bis zu einem bestimmten Punkt: mit einer gewissen Verzögerung. Wo die Linie sich verliert, sind wir verloren.

*

Außerhalb der Linie, außerhalb der gewohnten Umrisse, außerhalb der Muster, bleibt alles andere, der Überschuss, den wir ignorieren, um Schwierigkeiten zu vermeiden. Dennoch ist der Überschuss fast immer größer als das, was sich wiederholt. Was den Rahmen sprengt, das Überbordende, was die Linie überschreitet, unvollständig oder unbestimmt bleibt. Das Interessanteste an einer Erzählung sind jene Krümmungen, in denen sich etwas Unbedeutendes entfernt, etwas, das für den Fortgang der Handlung scheinbar unwesentlich ist, eine scheinbar willkürliche Ablenkung, ein Detail oder eine Geste, die, weil sie unerwartet ist, die Aufmerksamkeit erregt und uns außerhalb des Rahmens einen unverhofften Horizont sehen lässt.

Ich schlage daher vor, eine dieser Gesten hervorzuheben und sie in den Mittelpunk der Geschichte zu stellen. Lars von Trier nimmt Mermeros wahr. Mermeros ist in den klassischen Versionen der tragischen Handlung ein Detail. Er kommt in Dreyers unveröffentlichtem Drehbuch, das der dänische Regisseur nach eigener Aussage retten wollte, nicht cinmal vor.

Ich schlage vor, bei Mermeros' Geste innezuhalten. Bei der Hand auf Medeas Schulter. Bei Mermeros' Hand, die ihr den Strick reicht.

*

Ja, *Medea* ist sicherlich die Geschichte einer Rache. Medea tötet ihre Söhne aus Rache. Aber das Motiv des Verbrechens interessiert uns hier nicht. Die Motive interessieren die Moral, aber die Moral interessiert uns hier nicht. Die Moral ist der Kodex, der die Normen des Zusammenlebens regelt, aber die Strategien des Zusammenlebens interessieren uns hier ebensowenig.

Was uns interessiert, ist die Hand, die Mermeros sanft auf Medeas Schulter legt. Diese Geste, dieses Geschenk, diese zwanzig Sekunden auf einem Zelluloidband, diese Ewigkeit.

Worum es auf diesen Seiten geht, ist das Mitgefühl, das so schwierige Mitgefühl.

Was uns interessiert, ist diese Geste. Eine Geste, die mit Mermeros universalen Wert erhält.

DIE OPFERUNG / DER BUND

Man sagt, dass das Lamm, wenn es auf der Flucht den unvermeidlichen Biss kommen sieht, sich fallen lässt, den Kopf zum Himmel dreht und dem Wolf die Kehle hinhält. Man sagt, dass in diesem Moment eine seltsame Lust, eine Art Ekstase von ihm Besitz ergreift.

Es läuft. Es verliert das Gleichgewicht. Es fällt. Es versucht, sich wieder aufzurichten, seinen Körper wieder in die Achse zu bringen, sich aufzustützen, um weiterlaufen zu können. Vergeblich: Es spürt, wie sein Körper schwer wird, spürt den warmen Atem des Todes, spannt den Nacken an, erkennt blitzartig die Vergeblichkeit der Anstrengung, und gibt seinen Willen auf, gibt sich hin.

Wer sich der unvermeidlichen Geste des Stürzens hingibt, hört für immer auf, sein Leben als sein eigenes zu betrachten. Er befreit sich von der Notwendigkeit, es zu verteidigen, sich selbst zu verteidigen. Wie süß muss dieser Verzicht in diesem Augenblick sein!

Das Lamm, das für die Fortsetzung des Lebens geopfert wird, ist das Symbol des universellen Bewusstseins, das in jedem Tier unter dem individuellen Bewusstsein liegt und von diesem getrübt wird: Der Hunger ist das Gesetz, und ich opfere meinen Körper für das Heil aller.

Das Opferlamm ist also eine alte Metapher, es ist die Beute, die mit ihrem Leben den lebendigen Leib, den wir alle gemeinsam bilden, jenseits der Individualität, die uns trennt und entzweit, vom Tod erlöst.

Der Unschuldige, der Grasfresser, der in die Fänge eines anderen, zukünftigen Opfers gerät. So ist es im verfluchten Land eingerichtet worden.

So ergeht es dem Lamm. So ergeht es jedem Tier im Kreislauf des Hungers. Dadurch wird der Bund erneuert.

Jedes Opfer erneuert den Bund. Es ist das Ja, das wir im Land des Hungers aussprechen.

*

Die Geschichte von Medea beginnt mit einer Opferung, der Opferung des fliegenden Widders mit goldenem Fell, der die Kinder von Athamantas, dem König von Orchomenos (Böotien), auf ihrer Flucht rettet. Während der Reise auf dem Rücken des Widders stürzt Helle ins Meer. Ihr Bruder Phrixos ergreift das Fell des Tieres, lehnt seinen Kopf an seinen Hals, trotzt den stürmischen Winden und erreicht Kolchis. Dort opfert er Zeus aus Dankbarkeit den Widder, der ihm das Leben gerettet hat, und schenkt König Aietes, dem Vater von Medea, das Goldene Vlies.

Man ist den Göttern für das dankbar, was man in Wahrheit dem Tier, den anderen Tieren verdankt. Man dankt den Göttern, weil die Götter angeblich diejenigen sind, die in letzter Instanz das Gute und das Schlechte verteilen. Die Geschöpfe sind nur Vermittler derer, die sich ihrer bedienen, um zu wirken. So ist das System, zweifellos. Die Opferung der einen für das Leben der anderen, die Opferung aller, um das Leiden fortzusetzen.

Die Darstellung des Opfers ist eine Gedächtnisfeier: Niemand soll vergessen, was er dem Blut verdankt, niemand soll es schmähen, niemand soll das heilige Band entweihen, das uns alle eint.

Opferung heißt auf Lateinisch *sacrificium*: die heilige (*sacro*) Handlung (*facere*). Im Spanischen bedeutet *consagrar* (weihen, opfern): etwas heilig (*sagrado*) machen. Die Nahrung ist heilig. Jedes Raubtier weiß, dass es sein Leben der Beute verdankt. Essen, sich ernähren, ist eine heilige Handlung. Sie heiligt/opfert die Existenz, erneuert den Kreislauf des Hungers.

Nennen wir den Kreislauf des Hungers, oder seine anfängliche Ursache, wenn es denn eine gibt: Götter. Jedes Opfer gehört den Göttern. Daran erinnert das gemeinsame Festmahl, das auf die Opferung folgt. Es ist die Kommunion/Gemeinschaft des Volkes, das um das Feuer oder den Gemeinschaftstisch versammelt ist. Die Nahrung ist das Feuer im Bauch der Maschine.

Die Götter anbeten. Für die erhaltene Nahrung danken … Marionettenholz, das die Menschen aufrecht hält, dankbar für das Eisen, das sich in ihre Eingeweide gräbt, das Verlangen, das sie zerfrisst, und das sie Geschenk oder Belohnung für das

Leid nennen, das ihnen das Dasein bringt. Marionetten, deren hölzerne Knochen brennen.

*

Vielleicht hat Albert Camus nicht Unrecht, wenn er andeutet, dass die Vorstellung eines menschgewordenen Gottes eine Strategie der monotheistischen Sekten gewesen sein könnte, um die Stimmen der griechischen Philosophen zu entkräften, die darauf bestanden, die Götter von den menschlichen Fragen fernzuhalten. Die Götter kümmern sich nicht um die menschlichen Angelegenheiten, behauptete Epikur, warum also sollten wir uns um sie kümmern? Die Götter in ihren Himmel zu verbannen schien sicherlich weit einfacher zu sein, als ein Reich zu vereinen, indem man die unterschiedlichen Kulte integrierte, wie es Alexander versuchte. Um diese Stimmen zum Schweigen zu bringen, war ein Mythos nötig, in dem ein Gott sich nicht nur um das menschliche Leiden kümmerte, sondern mit den Menschen litt, ein Gott, der fähig war, in die Finsternis einzudringen, die niemand zuvor erlebt hatte, und Angst, Verzweiflung und Tod zu erfahren.

Mit dem Helden leidet man nicht mit, man bewundert ihn. Seine Macht und Kraft machen ihn bewundernswert, aber nicht bemitleidenswert. Das Mitgefühl entsteht im Umkreis der Schwäche, der Verletzlichkeit, der Magerkeit, des Mangels, der Fähigkeit zu irren und zu verzweifeln. Weder mit dem Gott noch mit dem Helden haben wir Mitgefühl, außer wenn sie auf ihre Macht verzichten, wenn sie sich zum Menschen herablassen.

Der alte Gott Abrahams musste also von seinem himmlischen Wohnsitz herabsteigen, damit an die Stelle von Ehrfurcht und Gottesfurcht das Mitgefühl treten konnte. Es war ein Mythos gefragt, der wie alle Mythen erzählt und dargestellt werden konnte, eine Tragödie zwar, in der aber im Gegensatz zu den griechischen Tragödien der Protagonist über sein Schicksal verfügen konnte. Das Mitleiden des Zuschauers entwächst nicht dem Leiden, das das Schicksal oder die Götter der Figur zufügen, sondern aus dem Akt des Verzichts auf das eigene Leben, etwas, das kein Gott, der nicht von einer Frau geboren wurde, für die Menschheit hätte machen können. Wir leiden mit dem Unschuldigen mit, nicht mit dem Schuldigen. Somit musste der Gott unschuldig erscheinen. »Nur das Opfer eines unschuldigen Gottes konnte die lange und allgemeine Marterung der Unschuld rechtfertigen«, schreibt Camus.

Diese Strategie übertraf alle Erwartungen. Die Geschichte war nicht nur fähig, Mitgefühl hervorzurufen, sondern durch eine sonderbare Umkehrung des Gefühlsregisters folgte daraus, dass die Schuld nicht mehr bei den Göttern lag, sondern bei den Geschöpfen, die in äußerster Bosheit den unschuldigen Sohn quälten und töteten, jenen leibhaftigen Gott, mit dem sich der Zuschauer nunmehr problemlos identifizieren konnte. Und schon brauchte sich niemand mehr im Himmelreich zu rechtfertigen.

Aber da die Menschen von Natur aus vergesslich sind, musste das Opfer erneuert werden, damit die Formel weiterhin wirksam bleiben konnte. Mit dem Ritus verfestigen sich die Vorstellungen, werden die Geschichten lebendig, festigt sich die Macht. Tag für Tag, mit jedem Wesen, das geboren wird, mit jedem Wesen, das stirbt, mit jeder Wunde muss der Gott Tod und Wiederauferstehung wieder durchmachen. Wie die Jahreszeiten, wie die Pflanzen, wie das Licht der Sonne, wie Ebbe und Flut, wie die Fruchtbarkeit des weiblichen Schoßes.

*

In Indien wäre diese Strategie nicht aufgegangen. Der Nazarener wäre nicht verurteilt, sondern als einer der Buddhas verehrt worden. *Buddhi* ist das Sanskritwort für erwachtes Bewusstsein. Unabhängig davon, welchem Clan oder welcher Schule sie angehören, wenn sie überhaupt einer angehören, werden die Erwachten als Meister der Weisheit angesehen.

*

Im 4. Jahrhundert nach Christus wurde es in den christlichen Ländern verboten, den alten Göttern zu opfern. Aber so wie die Städte auf den Fundamenten früherer Städte errichtet sind, bauten die neuen Rituale auf den alten auf. Die Christen feierten in ihren Tempeln die Erinnerung an ein nunmehr abwesendes Opfer. Die Opferung des Unschuldigen wurde weiterhin dargestellt, aber das Blut war Wein, das Fleisch Brot, und die Anwesenden gingen ohne Hunger zur Kommunion.

Sobald die Verbindung zum Hunger verloren gegangen war, konnte es leicht zu Verwechslungen kommen und der Vermittler wurde zu Gott. Nachdem das rituelle Fest seine Lebenskraft – das Blut, das Fleisch – verloren hatte, wurde es zu Gottesdienst und Liturgie. Zur Feier eines persönlichen und freiwilligen Todes, zur Erinnerung an eine seltene und einzigartige Geste. Das Dasein, das in eine nicht greifbare Ewigkeit verschoben wurde, hörte auf, etwas zu sein, was wir alle gemeinsam ertragen, und wurde zur Verheißung eines Lebens nach dem Tod, das sich jeder von uns durch Gehorsam verdienen musste.

*

Mermeros liefert sich nicht für die Erneuerung eines Bundes aus. Medea erneuert nichts, Medea widersetzt sich, sie ändert den Kurs, sie vernichtet, sie lehnt sich auf. Mermeros ahnt es. Er reicht ihr den Strick. Seine Geste ist unnatürlich. Ein anderes Bündnis mischt sich unter die Fäden, verdreht sich mit ihnen. Und Medea akzeptiert es. Sie akzeptiert die Einwilligung, die schreckliche Einwilligung. Sie nimmt seine Vernunft, seine Verurteilung an.

LAMMFELL

Medea auf dem Hügel. Auf den Knien. Umgeben von Gras, das nun am Ende des Tages leuchtend, fast durchsichtig ist. Sie ist am Boden zerstört. Regungslos. Zwischen einer Tat und einer anderen Tat. Zwischen dem, was sie vollbracht hat, und dem, was sie noch vollbringen wird. Zwischen einem Gräuel und einem anderen Gräuel. Man hört Vögel singen.

Medea spürte die Berührung, den Kopf ihres Sohnes, der sich auf ihren Rücken legte. Medea blinzelte. Kurz. Ansonsten hat sie sich nicht bewegt. Sie weiß, dass jede noch so kleine Geste, die sie macht, unweigerlich das nächste Ereignis auslösen wird. Aber Mermeros tritt vor. Er steht auf. Er reicht ihr den Strick.

– Hilf mir, Mutter!, sagt er zu ihr.

*

Das ist der Opferungshügel.

Mermeros ist kein Religionserneuerer. Er hat kein Ziel zu erreichen, kein Schicksal zu erfüllen, keine Welt zu retten. Er gehorcht keinem Gott. Mermeros ist das Lamm, das seinen Hals anbietet, weil es notwendig ist.

Mermeros verurteilt nicht den Henker.

Mermeros beabsichtigt nichts, will nichts.

Mermeros lehnt sich nicht auf, schützt sich nicht, verteidigt sich nicht. Seine Geste ist außer-gewöhnlich. Rätselhaft.

*

Des Rätsels Stille.

Des Rätsels stille Stimme.

CORDA MUTABILIS

Corda mutabilis nannte man im Mittelalter die Umformung bestimmter musikalischer Modi durch die Verwendung von Fis und B, um das Intervall der übermäßigen Quarte zu vermeiden, deren Dissonanz als teuflisch galt.

Tonale Musik ist Anpassung. Sie kehrt dorthin zurück, wo sie erwartet wird, sie verursacht keine Störung. Modale Musik hingegen kann Veränderungen hervorrufen, unerwartete *Modifikationen*, bestimmte fruchtbare Ungleichgewichte. Modale Musik verunsichert, destabilisiert. Sie erhebt. Sie führt in unbekannte Gefilde.

Von einer Melodie, die nicht dorthin zurückkehrt, wo sie angefangen hat, sagt man, dass sie unvollständig ist. Vollständig zu sein bedeutet, den Kreis zu schließen. Die Kreise schließen sich immer dort, wo sie ihren Anfang genommen haben. Deshalb ist der Kreis beruhigend.

*

Dem Verstand gefällt das Wiedererkennen. Wiedererkennen ist das Maß des Gleichgewichts. Die Logik ist binär, das Urteil gleichfalls.

Eins-Zwei, Eins-Zwei. Das Hin und Her der Gewohnheit bleibt niemals bei der Eins stehen. Die Eins setzt in Bewegung, die

Zwei bringt den Körper wieder ins Gleichgewicht. Der Körper stützt sich auf zwei oder auf vier Gliedmaßen.

Die sozialen Regeln, der Code, mit dem man die Ordnung abzusichern versucht, ist binär.

Das moralische Urteil, das die Sitten (*mores*) bestimmt und stärkt, das bestimmt, was gut und was schlecht ist, was man tun darf und was nicht, ist binär.

Die Gerechtigkeit der Menschen ist binär: Verbrechen und Strafe, Verstoß und Vergebung, Henker und Opfer.

Wir fühlen leicht mit denen mit, die wir für unschuldig halten, aber nicht mit denen, die wir für moralisch verwerflich halten. Wir fühlen mit dem Opfer mit, aber nicht mit dem Täter. Der Aggressor ist nicht derjenige, der den Schmerz erleidet, sagen wir, sondern derjenige, der ihn zufügt. Warum sollten wir mit ihm mitfühlen?

Haben wir die Gesetze des Universums vergessen? Im Kreislauf des Hungers ist jedes Opfer schuldig, jedes Raubtier unschuldig. Das Tier weiß das. Aber das Tier, das wir sind, erstickt unter dem Schutt, dem großen geistigen Müllhaufen, der Anhäufung von Urteilen, mit denen wir das alte Wissen begraben haben, damit wir die Augen verschließen und in Ruhe schlafen können. *Corda mutabilis*: die Umformung, die nötig ist, damit wir uns in Sicherheit fühlen können, uns mit den Zähnen an eine Wurzel klammernd, die Füße über dem Abgrund baumelnd.

*

Chronos tötet seine Kinder und verschlingt sie, das nennt man eine »Metapher«. Die Könige töten ihre Kinder, und man spricht von »Staatsraison«. Wenn eine fremde Königin ihre Kinder tötet, dann ist das keine Staatsraison mehr, sondern ein ruchloser Racheakt. Wenn ein Soldat einen Feind tötet, wird er dafür belohnt. Wenn man ein Mitglied des eigenen Klans tötet, kommt man vor Gericht, die Motive werden abgewogen, man wird nach dem Gesetz verurteilt. Wir verurteilen nicht das Töten, sondern das Töten abhängig vom Opfer und den Umständen. Was getan werden muss und was nicht getan werden darf, was moralisch verurteilt wird oder nicht, wird von den Regeln des Zusammenlebens bestimmt.

Wir urteilen in Übereinstimmung mit dem Kodex, den wir gelernt haben, und wir fühlen – oder glauben zu fühlen - in Übereinstimmung mit dem Urteil, das wir gefällt haben.

Medea hat ihre Heimat aus Liebe verlassen, wurde gedemütigt und verraten. Nach welchem Kodex beurteilen wir Medeas Leiden und den Zorn, der sie erfüllt?

Per alta vade spatia sublime aetheris; testare nullos esse, qua veheris, deos. Durchstreife die tiefen Räume des Äthers und stelle fest, dass es keine Götter gibt! Mit diesem Fluch von Jason endet die letzte Szene von Senecas *Medea.* Es gibt keine Götter, wenn sie die Schandtat zulassen. Es gibt keine, wenn es keine Strafe für den Mörder gibt. Bei Seneca gibt es kein Mitgefühl. Kein Verständnis für das Verbrechen, außer von einem einzigen

Blickwinkel aus, von dem der moralischen Ordnung, die von den Männern des Stammes diktiert wird. Keine Spur von dem Mut, den Medea brauchte, um es zu begehen, keine Spur von dem unfassbaren Schmerz, den es mit sich bringt.

– Was wirst du an diesen Strick hängen?

– Das, was ich liebe.

Oder nehmen wir weniger das Leiden wahr als die Melodie, die dem entspricht, was wir als abscheulich bestimmt haben?

Was würde aber zum Beispiel passieren, wenn man uns sagte, Medea habe so gehandelt, um ihre Söhne vor dem viel schlimmeren Unglück zu bewahren, das sie nach ihrer Verbannung erwartet hätte? Würden wir angesichts der schrecklichen Qual der Tat, zu der sie gezwungen war, nicht bemerken, wie sich die moralische Dissonanz leicht verschiebt und sich der Akkord um einen Halbton erhöht oder senkt, hin zu einer akzeptableren Konsonanz, die schließlich eine vorhersehbarere, »stimmigere«, »tonalere«, weniger ungewöhnliche Melodie ergibt? Wir hätten dann plötzlich die Wendung vollzogen, die wir brauchen, um den Schuldigen in ein Opfer zu verwandeln. *Corda mutabilis.*

*

Die Stadt Korinth wurde im Jahr 146 vor Christus von den Römern dem Erdboden gleichgemacht. Der Ort blieb unbewohnt, bis ein Jahrhundert später Julius Cäsar beschloss, die Stadt wieder aufzubauen. Als der Reisende Pausanias sie besuchte, war sie eine römische Stadt mit Quellen und Aquädukten. Eine der Quellen trug den Namen Glauke, der Tochter von Kreon, und noch heute befindet sie sich in der Nähe des Odeons, wo Pausanias die Gräber von Medeas Söhnen gesehen haben will. Er sagt im dritten Kapitel des zweiten Buches seiner *Beschreibung Griechenlands*, dass sie von den Korinthern gesteinigt worden waren, aus Rache für Glaukes Tod, und dass seitdem ein Fluch auf den Korinthern lastete, deren Kinder gleich nach der Geburt starben, bis sie zur Sühne des Verbrechens beschlossen, jährlich Opfer zu bringen und eine Statue zu errichten. Pausanias sagt, dass diese Statue eine Frau darstellte, die schrecklich anzusehen war.

Pausanias starb um 180 nach Christus in Rom. Der Schriftsteller Claudius Aelianus war damals also fünf Jahre alt. Er stammte aus Praeneste, dem heutigen Palestrina, in Latium. In seinen *Varia Historia* berichtet er, er habe gelesen, dass das, was über Medea erzählt wurde, falsch sei, dass nämlich Euripides diese Geschichte auf Bitten des Volks von Korinth erfunden habe. Er sagt auch, dass die Kunst des Dichters bewirkte, dass die Lüge über die Wahrheit siegte.

Christa Wolf hat, gestützt auf diese oder andere Quellen, die Medea entlasten, den Mythos überarbeitet. Und das ist gut so. Die Geschichte zu revidieren, ihre Betrügereien, ihre Feigheiten, ihre Zweideutigkeiten, ihre Sophismen anzuprangern, ist mehr als angebracht, es ist absolut notwendig. Dennoch … *il ne faut pas rapetisser les mythes*. Euripides' *Medea* enthält eine

Anklage, eine Lehre, die tiefreichender und tiefgründiger ist als das, was uns die Erzählung über eine Frau – wieder einmal! – liefern könnte, die der Bosheit ihrer Feinde zum Opfer gefallen ist. Und das eine ist die Übereinstimmung der Fakten (die Erzählung, die wir Geschichte nennen), etwas ganz anderes ist aber die Wahrheit des Mythos. Und so sicher es ist, dass die Mythen kaleidoskopisch sind und die Künste wahrscheinlich ein gefährliches Werkzeug darstellen, so sicher ist es, dass es noch gefährlicher ist, zuzulassen, dass ein Moralsystem uns unsere Gefühle vorschreibt. Genau das ist hier geschehen: Angesichts der neuen Version der Geschichte wird unser Mitgefühl plötzlich auf wunderbare Weise möglich. Dieselben Parameter, die uns dazu gebracht haben, die Figur für schuldig zu halten, ermöglichen uns nun, mit ihr mitzuleiden. Derselbe Moralkodex. Wir haben lediglich die Perspektive gewechselt. *Corda mutabilis*. Wir haben die Geschichte nur ein wenig umgewandelt, damit sie »besser« klingt, damit die Dissonanz nuanciert und der Akkord wohlklingend wird. Auf diese Weise kehrt das Wasser wieder in sein Flussbett zurück, das Fremdartige, das Außer-Ordentliche, was die Grenzen überschritten hat, kehrt wieder zur Ordnung zurück. Innerhalb des *Limes*, des Rahmens, der die engen Grenzen steckt, durch die wir, ein Fragment betrachtend, die Unermesslichkeit des Himmels zu sehen vermeinen.

*

Die Version des Opfers interessiert mich hier nicht. Wir fühlen leicht mit denen mit, die wir für Opfer halten. Was mich interessiert, ist die Tat und das schwierige Mitgefühl, das sie erfordert. Medea hat ihre Kinder getötet. Sie ist die Fremde, die Fremdartige. Die andere. Medea handelt nicht in Übereinstimmung mit einem Kodex, weder mit dem der Menschen noch mit dem der Götter. Sie gehört weder durch ihre Abkunft noch durch ihre Künste dem Volk an, das sie beleidigt hat. Sie erkennt weder die Gesetze des Volkes an, das sie verbannt, noch die Gebote seiner Götter. Sie gehorcht anderen Regeln, anderen Instanzen, einer anderen Melodie. Ihr Gehorsam ist von einem anderen Tenor.

Medea zu einem Opfer zu machen, bedeutet, ihr das ihr Eigene zu nehmen. Medeas Stärke, ihre *Virtus*, ist ihr Verbrechen. Medeas Würde besteht darin, das Verbrechen anzunehmen. Das ist ihre Ermächtigung.

*

Von wo aus sehen wir Medea? Welche Werte – oder welche Auflehnung – sind es, die mich dazu bringen, in ihr, in der Freiheit, die sie mit ihren Taten gegenüber den Spielregeln beweist, die Heldenhaftigkeit und moralische Überlegenheit zu sehen, die vor dem Mitgefühl, das ich suche, zuerst Hochachtung in mir hervorrufen?

Mich zieht die Dissonanz an.

Vielleicht liegt der Schlüssel einmal mehr in den Begriffen. Es geht nicht darum, den Mörder zu bemitleiden, sondern mit ihm zu leiden. Jemanden bemitleiden, sich seiner erbarmen, Barmherzigkeit zeigen, das ist die Haltung, die man von einem frommen Herzen erwartet. Im Unterschied zum Mitgefühl ist das Erbarmen (*piedad*) ursprünglich ein ausschließlich moralischer Begriff, der auf das tugendhafte (*pius*) Verhalten des Individuums verweist. Der Begriff *pius* hatte im antiken Rom die gleiche Bedeutung wie im antiken Griechenland das Wort *hósios* (ὅσιος), nämlich das Heilige, das, was die Götter betrifft. Die kindliche Pietät war von dieser Art. Als Sokrates der Gottlosigkeit angeklagt wurde, weil er versuchte, das Göttliche zu einem Gegenstand zu machen, der rational verhandelt werden konnte, war das dafür verwendete Wort *anosiótes* (ἀνοσιότης). *Anósios* (ἀνόσιος) ist der Gottlose, der Frevler. Das Sich-Erbarmen hat also wenig mit dem Mitfühlen zu tun und viel mit der Einhaltung von Regeln und Pflichten. Man könnte somit durchaus behaupten, dass der sich Erbarmende nicht mitfühlt (*padece*), sondern gehorcht (*obedece*).

Als die Frömmigkeit sich jedoch verchristlichte, erhielt das Wort Pietät in unterschiedlichen sprachlichen Ausformungen (*pity*, *piedad*, *pietà*) durch die Betonung von Handlungen, die darauf abzielten, das Leiden anderer zu lindern (zum Beispiel die *Pitanz*, das aus Pietät gegebene Essen), eine Bedeutung, die der Barmherzigkeit nahekam. Nur nicht im Französischen, wo sie sich in die zwei Begriffe, nämlich *piété* und *pitié,* aufspaltete und somit ausdrücklich die Erinnerung an die Verbindung bewahrte, die sich von nun an zwischen der Frömmigkeit (*la piété*) und dem herzlichen Anerkennen fremden Leidens (*la pitié*) herstellte. Die Frömmigkeit und die Barmherzigkeit, das, was den Göttern unmittelbar geschuldet ist, und das, was ihnen in ihren Geschöpfen geschuldet ist.

Die *Sympatheia* braucht die Götter nicht, hat sie nie gebraucht. Das Mitleiden (*com-passio*), die Fähigkeit, in fremdes Leiden einzufühlen, braucht keinen Auftrag, entspricht keiner Doktrin, unterliegt keinen Vorschriften oder Gesetzestexten. Das Mitgefühl ist eine Seelenregung, die uns zu dem führt, was wir im anderen als das Eigene wiedererkennen und für das wir in reinem und herzlichem Mitleid eben jene Götter zur Verantwortung ziehen könnten, wenn es sie denn gäbe.

*

Als Bashō am Ufer des Fuji-Flusses spazieren geht, hört er das Weinen eines kleinen Kindes. Er nähert sich. Er findet es. »Ich dachte, es würde nicht viel mehr aushalten können als die Blätter eines Klees, die nachts von einer leichten Brise gepeitscht werden oder in der Morgenkälte verwelken«, schreibt der Dichter in sein Tagebuch. Er gibt ihm das wenige Essen, das er hat, und setzt seinen Weg fort. Im nächsten Gasthaus berichtet er von der Begegnung in seinem Notizbuch: »Wie ist dir das passiert, hat dich dein Vater gehasst oder deine Mutter vergessen? Nein, weder hat dich dein Vater gehasst noch hat dich deine Mutter vergessen. Es ist der Wille des Himmels, es ist der Himmel, an den du deine Klagen richten musst. Und wir müssen uns mit deinem traurigen Schicksal abfinden und unseren Weg fortsetzen.«

*

Bevor ich dieses Buch geschrieben habe, gab es einen Titel: »Erbarmen für Medea«. Am Anfang schien es mir, als müsste das Buch so heißen. Aber irgendwie war ich nicht überzeugt davon. Bis mir beim Schreiben schließlich klar wurde, dass es eigentlich gar nicht um Erbarmen ging. Wer sich erbarmt, erhebt sich über den anderen, nimmt den Platz der »Gerechten« ein. Wer bin ich, dass ich mich ihrer erbarmen kann? Vielleicht hält sie sich für erhabener? Und wie sollte ich sie in dieser Erhabenheit verstehen? Und wie kann man vergeben, ohne zu verstehen?

Dann ging es also um Vergeben. Wirklich? Nicht Erbarmen, sondern Vergeben? Aber wer sind in dieser Welt die Geschädigten und wer die Schuldigen? Wer sind die Opfer und wer die Henker?

Es ist mir nicht entgangen, dass die Vergebung die Wiederherstellung einer Ordnung ist. Wer sie erteilt, stellt das Gleichgewicht wieder her, das von einer Tat verletzt wurde, die gegen Sitten verstößt, die Gesetze bricht oder in die Privatsphäre eindringt. Ein Schaden muss wiedergutgemacht werden. Und die Vergebung erteilt der Geschädigte, der sich damit ebenso unter die Guten und Mächtigen einreiht, unter die, die die Normen bestimmen und die Bestrafung ausführen oder erlassen.

Wenn wir fähig wären, Medea zu verstehen, so dachte ich, könnten wir der Menschheit als ganzer vergeben. Aber wie sollen wir Medea verstehen, die ein Verbrechen begangen hat, zu dem wir uns unfähig fühlen, eine Tat, gegen die wir uns immun glauben, eine Ungeheuerlichkeit, die der dunkelsten Seite der menschlichen Natur angehört, jener Seite, auf die zu wechseln wir uns verbieten? Wie sollten wir vom gut beleuchteten Gebiet, auf dem wir uns befinden, diejenige verstehen, die die Finsternis bewohnt?

Mir wurde klar, dass wir, um Medea zu verstehen, in die dunklen Zonen vordringen, das gute Gewissen und den geschützten Bereich verlassen müssen. Wir müssen den Rahmen verlassen und es wagen, an die Ränder zu gehen.

*

Im Gegensatz zum Erbarmen entsteht das Mitgefühl aus dem Gleichmut. Der Mitfühlende empfindet keine Trauer.

Die Traurigkeit des Barmherzigen bezeugt eine Ungleichheit. Die Ungleichheiten gehören in den Bereich des Relativen. Das Mitgefühl entsteht aus einem Ort höherer Allgemeinheit, aus gemeinsamen unterirdischen Quellen, die allen Unterschieden zugrunde liegen. Dort entsteht das Mitgefühl ohne Urteil, durch bloßen Gleichklang.

Das Urteil lastet zu schwer, als dass es Trauer lindern könnte. Sein Abwägen ist das Gewicht, das auf der Unschuld lastet.

Das Mitgefühl, das ich suche, erbarmt sich nicht. Es begleitet.

*

Wer mitfühlt, vergleicht nicht, wird nicht traurig, formuliert kein Urteil.

Er versteht ohne Überlegung.

Er nimmt wahr ohne Verblendung.

Er spürt ohne Unruhe.

*

Wo ist also der Unschuldige, der ohne Urteil unsere Gattung erlöst?

Erlösen? Nein, es geht nicht um Erlösung. Es geht um Mitfühlen.

Nur ein unschuldiges Wesen kann mitfühlen, ein Wesen, das abseits aller Gesetzestexte steht, ein Tier vielleicht, oder auch ein Kind, oder eine alte und weise Frau, ein Wesen, das keine Regeln und kein Urteil kennt.

Mermeros urteilt nicht, er begleitet.

Mermeros überlegt nicht, er versteht.

Er vertraut.

Er stimmt zu.

OHNE URTEIL

334 vor Christus brach Alexander von Makedonien in den Osten auf. Pyrrhon von Elis und Anaxarchos von Abdera begleiteten ihn. Auch der Kyniker Onesikritos war dabei. Als die Philosophen ins alte Land der Meder kamen, das damals unter der Herrschaft der Perser stand, trafen sie zoroastrische Priester, die dem Stamm der Mager angehören. Alexanders Armeen erreichten das Punjab im Jahr 327 vor Christus. Er besetzte das Industal. Die Griechen lernten dort Anhänger des Yoga-Systems kennen, die sie Gymnosophisten nannten. Sie traten auch in einen Dialog mit Jainas und Buddhisten. In einem dieser Gespräche warf einer von ihnen Anaxarchos seinen Lebensstil vor. Wie kann man die Weisheit lehren, wenn man im Palast lebt?, fragte er.

Pyrrhon war dabei. Er hörte zu. Er meditierte. Er kehrte in seine Heimatstadt Elis zurück. Er übte sich in Gleichgültigkeit. Er hinterließ keine Schriften. Er gründete keine Schule. Er hütete Schweine.

*

Andere haben später Schulen gegründet. Schulen werden immer von denen gegründet, die unfähig sind, denen nachzueifern, die sie bewundern. Das Schweigen (*afasia*, ἀφασία), die Frucht der Gleichgültigkeit, nannten sie *Epoché* (ἐποχή): das Aussetzen des Urteils. Diejenigen, die die Aussetzung des Urteils als Forschungsmethode (*skepsis*, σχέψις) anwandten, wurden Skeptiker genannt. So wurde die Schule unter dem Namen »Skeptizismus« bekannt.

*

Die Aussetzung des Urteils ist eine Beruhigung des Geistes, die die Abwesenheit von Störung (ἀταραξία, *ataraxia*) und die Gemütsruhe (ἀπάθεια, *apatheia*) mit sich bringt oder zu ihnen führt. Das ist auch das »Nichtdenken« des Mahayana-Buddhismus und die Leere (*wu-wei*) des Taoismus.

Das Urteil ist der Wind, der über die Oberfläche des Sees weht und Wellen aufwirft. Wir urteilen: Das Urteil setzt das Denken in Gang, das Denken führt zum Fühlen, das Fühlen führt zum Handeln, und jede Handlung hat ihre Auswirkungen: neue Urteile, neue Gedanken, neue Gefühle, neue Handlungen und so weiter.

Wer nicht urteilt, müht sich nicht ab. Gut oder schlecht, angenehm oder unangenehm, sind Urteile, die den Willen dazu bringen, sich den Empfindungen anzuhängen, um deren Fortdauer oder aber Beseitigung zu wünschen. Alles Wünschen ist Leiden.

*

Zenon von Kition war dreißig Jahre jünger als Pyrrhon. Eines Tages im Jahre 301 vor Christus begab er sich auf den öffentlichen Platz in Athen, setzte sich in die Säulenhalle (*stoá*) und begann damit, seine Lehre zu erteilen. Was er lehrte, war das

Nicht-Erleiden, die *Apatheia*. Einige kamen, um ihm zuzuhören, sie setzten sich zu ihm. Sie versuchten, in Übereinstimmung mit seinen Anweisungen zu leben. Sie wurden »Stoiker« genannt.

*

Urteilen ist unterscheiden. Unterschiede schaffen. Unterteilen. Wo es Unterschiede gibt, gibt es vorteilhafte und unvorteilhafte Begegnungen. Das Rad kommt in Bewegung.

Im Hinduismus bedeutet der Weg der Erkenntnis, die Unterscheidungen zu beseitigen. Es ist der Weg, der der Erschaffung von Welten entgegengesetzt ist. Weise ist, wer das betrachten kann, was wir jenseits der Unterschiede sind. Ohne Unterscheidungen ist kein Urteilen möglich.

DIE VERGEBUNG GEHÖRT ZUM ICH

Wenn ich mir vorstelle, auf welche Arten ich sterben könnte, dann denke ich, dass die mir am wenigsten unangenehme die ist, dass das Flugzeug, in dem ich reise, abstürzt. Je nach der Position, die mein Geist in diesen – wahrscheinlich ewig dauernden – kurzen Momenten zwischen dem Beginn des Taumelns und dem Absturz einnimmt, kann die Erfahrung großartig oder fürchterlich sein. Bei jedem Flug mache ich diese Übung.

Einmal, gerade als das Flugzeug zur Landung ansetzte, hob es wieder die Nase und stieg wieder auf. Die erwähnte Ursache – der starke Wind – interessierte mich nicht (tatsächlich bewegte sich kein einziger Grashalm). Was mich interessierte, war die Zeit, die mir gegeben wurde. Die Zeit dehnt sich immer aus, wenn man sich in der Hitze des Gefechts befindet. Ich dachte an die Menschen, die ich gekannt hatte, an die, mit denen ich einen Teil meines Lebens geteilt hatte, an die, aufgrund derer ich gelitten hatte, und ich fand nichts Schlechtes, nichts, was ich ihnen vorwerfen könnte, nichts, was ich ihnen vergeben müsste. Ich sah in jedem Fall deutlich die Kette ihrer Taten, ihre Notwendigkeit, die Illusion dessen, was wir Freiheit nennen, den Lauf der Existenz. Jede Person, jedes Gesicht war die Summe von miteinander verketteten Umständen. Geliebt wurden sie alle, geliebt für das, was sie ausmachte. Für diese illusorische Beschaffenheit vielleicht. Für die unbemerkte Unschuld in ihnen. Für das, was in ihnen nicht wirklich sie selbst war. Wäre ich fähig, mich selbst auf diese Weise zu sehen? Wäre ich fähig, auch mir selbst zu vergeben? Vergeben? Wenn es nichts zu vergeben gibt, warum sollte ich dann mir, *mir* selbst, vergeben?

Dann habe ich verstanden. Ich habe blitzartig verstanden. Ich sah deutlich, was das Ich in der Vergebung ist. Das Ich ist das, dem vergeben wird, und das, was vergibt. Der ganze Bereich der Vergebung gehört mir. Und ich war fähig, zu sehen, dass es in ihnen nichts zu vergeben gab, weil ich in diesem Moment fähig war, sie von außerhalb meiner selbst zu betrachten. So muss man auch sich selbst betrachten: von außen.

Außerhalb von mir ist nichts geschädigt, nichts verletzt. In diesem Augenblick sah ich blitzartig die Leere meines eigenen Gesichts, seine allgemeine Natur. Ich hätte in diesem Moment mit einem Lächeln auf den Lippen sterben können.

*

Ich habe Vergebung gesucht, aber das war es nicht, was zu suchen war. Wer die Vergebung sucht, stolpert über das Ich, dringt in es ein wie in das Labyrinth des eigenen Gehörs, wo man nichts anderes als den eigenen Puls hören kann. Das Ich hallt wider, es antwortet auf jeden Einschlag, jedes Geräusch weckt es auf. Die Affekte sind Schallwellen, die, wenn sie auf das Ich treffen, sich verwandeln, sich beschleunigen oder neutralisieren je nach Beschaffenheit der Materie.

Die Vergebung ist die Antwort des Ichs auf eine Kränkung. Das Ich fühlt sich beleidigt – in seiner Geschichte, in seiner persönlichen Geschichte oder in der Geschichte des Stammes – und reagiert. Die Vergebung ist Wohlwollen, guter Wille.

Nein, die Vergebung war nicht das, wonach ich suchen musste. In der Vergebung ist nichts, was nicht in mir wäre. Man muss es verlassen und von außen gleichmütig das fürchterliche Geschrei der Wesen betrachten, die, in Angst gefangen, im Kreislauf des Hungers miteinander ringen.

Die Vergebung verhält sich zum Ich wie das Mitgefühl zur Leere, die es trägt.

*

Mermeros' Hand auf Medeas Schulter.

Die Hand des Sohnes. Die Hand des Unschuldigen.

Mermeros. Der geopferte Sohn.

Der, der versteht.

Der, der mitfühlt.

Der, der akzeptiert.

RESONANZ

Und außerhalb von mir, was ist da?

Außerhalb von mir ist der Ort, wo die Resonanz sich in ihrer reinsten Form darstellt.

Das Ich, das eine Anhäufung von Gewohnheiten, von wiederholten Reaktionen ist, ist die Melodie, aus der sich eine Existenz zusammensetzt. Wir nennen diese Melodie die persönliche Geschichte. »Jemandes Leben«, sagen wir, als ob das Leben, das einfache Leben jemandem gehören und eine Geschichte haben könnte. Die persönliche Geschichte ist eine Erfindung, der Verstand liebt die Verbindungen, die Assoziationen, die Fäden. Er liebt Fäden. Klangfäden, Wellen. In jeder Welle, wie kleine Blasen, die unter den Wellenbergen schweben oder in den Tälern gehalten werden – nie am Knotenpunkt: der Knotenpunkt ist eine Abstraktion –, sind die Bilder eingekapselt. Ob Denkbilder, Gefühlsbilder oder Erinnerungsbilder, alle Bilder haben die gleiche Beschaffenheit, sie sind Ideen oder Visionen (Sehen heißt im Griechischen *idein*, ἰδειν), die in Assoziation oder Gleichklang aufeinander folgen.

*

Niemand kann den Schmerz in einem fremden Körper fühlen. Niemand kann im Geist eines anderen leiden. Aber so wie die Saiten einer Gitarre, ohne gespielt zu werden, im Gleichklang mit den Saiten einer Gitarre klingen, die gespielt wird, so vibrieren wir im Gleichklang mit einem Leidenden, ohne dass die Ursache seines Leidens uns in irgendeiner Weise betrifft. Dasselbe *Pathos* schwingt mit, derselbe Ton erklingt, so als ob es sich tatsächlich um lebendige Saiten oder Fasern handelte, so als ob die Gefühle nur verschiedene Weisen wären, die Seele – oder das, was dieses Wort bezeichnen soll – zum Vibrieren zu bringen.

Das Gefühl des Mitfühlenden ist nichts Eigenes. Nur Resonanz. Alte Stimmen, die im Untergrund des Bewusstseins gefangen waren, werden wieder lebendig.

Vāsanas, so nannte sie der Mönch Vasubandhu im 4. Jahrhundert. Spuren, die sich in das Gedächtnisdepot eingeprägt haben und unter ähnlichen Umständen wieder aktiviert werden. Und es ist dieser Gedanke, den auch der Philosoph Abhinavagupta einige Jahrhunderte später in seiner Analyse des Dramas aufgriff, um die Empathie des Zuschauers zu erklären. Es ist diesen unterschwelligen Eindrücken zu verdanken, dass die vom Schauspieler hervorgerufene Emotion beim Zuschauer zum Vorschein kommt. Und es sind auch diese latenten Eindrücke, auf die sich Konstantin Stanislawski bezog, als er seinen Schauspielern empfahl, die in ihrem emotionalen Gedächtnis verankerten Erfahrungen zu bergen, um die Figur besser konstruieren zu können.

*

Karuna ist das Sanskritwort, das verwendet wird, um die Art der mitfühlenden Emotion zu benennen, die der Zuschauer bei der Darstellung von Trauer empfindet, die eine der acht Grundempfindungen ist, auf die im indischen Drama Bezug genommen wird. Durch die Darstellung, sagen die indischen Autoren, werden diese Empfindungen so verwandelt, dass sie vom Zuschauer »genossen« werden können, der sie als angenehm empfindet, unabhängig davon, ob die Emotion ihrem Wesen nach angenehm oder unangenehm ist. So kann die Trauer (*śoka*) in der Tragödie in Mitgefühl (*karuna*) umgewandelt und mit Genuss empfangen werden.

Ein gewisses Mit-Leiden empfindet der Zuschauer sicherlich, wenn er einem schmerzhaften Ereignis zusieht, aber das genügt nicht, um den bis zu einem gewissen Grad genussvollen Charakter des Schauspiels zu erklären. Es muss noch etwas anderes zu dieser Umwandlung hinzutreten, das die Philosophen von Kaschmir mit dem allgemeinen Charakter in Verbindung brachten, den die Empfindungen in dem Vorgang erhalten oder wiedererlangen. Die Empfindung entsteht im Zuschauer nämlich, ohne dass die Umstände, die ihn in seinem Alltagsleben beschäftigen und/oder bekümmern, ins Spiel kommt. Die Empfindung, die in ihm auftaucht, ist frei von persönlichen Befindlichkeiten. Verloren in der Aufführung hat sich der Zuschauer selbstvergessen von seiner eigenen Geschichte, ja sogar von seinem eigenen Willen befreit. Er lebt für einen Moment das Leben und die Affekte der anderen, ohne dass seine eigenen Umstände ihn bekümmern. Losgelöst von ihren Ursachen stellen sich die Emotionen in ihrer reinsten Form ein und dies – mehr als die eigentlichen Effekte der Bühnenkünste – ist der Grund, warum man sie »genießen« kann. Die indischen Theoretiker meinen, dass diese Empfindungen aus der allgemeinen Tiefe unseres Seins auftauchen, so wie die Wellen erscheinen und sich auf der Oberfläche eines ruhigen Sees kräuseln, wenn der Wind sie bewegt, um am Ende der Aufführung wieder in den See zurückzukehren und sich wie die Wellen zu glätten, wenn der Wind sich legt.

*

Karuna ist auch das Wort, das der Buddhismus verwendet, um sich auf die Erfahrung desjenigen zu beziehen, der mit größerer Klarsicht die Entfaltung der Welt und das Leiden der Wesen in ihrem Streben, mehr zu sein als nur eine Anhäufung von kurzlebigen Teilchen, betrachtet. Daran ist jedoch keinerlei Gefallen zu finden. Es gibt keine Schauspieler, denen man zusieht, noch gibt es ein Bühnenspiel, das man bewundern könnte. Es gibt nur Wesen, die in Körpern gefangen sind. Diese Körper können sie, obwohl sie glauben, dass sie ihnen gehören, nicht vor Leiden, Verfall und Vergehen retten. Das Mitgefühl ist für den Buddhisten keine ästhetische Emotion (*rasa*), sondern der Wille, sich auf die Seite derer zu stellen, die sich in den dunkelsten Räumen des Bewusstseins herumschlagen.

*

Eine der Fragen, die sich für die indischen Ästheten der Schule von Kaschmir als kompliziert herausstellten, war zu bestimmen, ob die Darstellung der Ruhe als eine der vielen ästhetischen Kategorien angesehen werden konnte, die Bharata in seiner *Abhandlung über das Theater* aufgezählt hatte. Kann die Gelassenheit als eine der Grundempfindungen betrachtet werden, die durch die Kunst der Aufführung zu einem Gefühl verwandelt werden kann, das der Zuschauer genießen kann? Kann die Ruhe als Darstellung der Gelassenheit ein neuntes *Rasa* sein? Über diese Frage konnten sie sich nie einigen.

Abgesehen von einigen wenigen Fällen, wie dem Periodensystem der chemischen Elemente, haben sich kategoriale Klassifizierungen im Allgemeinen als ziemlich willkürliche Tätigkeiten erwiesen. Bei den Emotionen kann es sich nicht anders verhalten. Emotionen haben ihre Varianten, mit denen sie oft verwechselt werden, und nichts verhindert, dass mit dem Wandel der Zeit neue auftauchen. Dennoch könnte Bharatas Aufzählung von Gefühlszuständen in seiner *Abhandlung* aus dem zweiten Jahrhundert ohne weiteres auch heute noch gültig sein. Demnach gebe es acht Grundempfindungen (Lust, Freude, Trauer, Wut, Heldenmut, Angst, Abscheu und Staunen), die, auf die Bühne gebracht, jeweils acht ästhetische Emotionen oder *Rasas* erzeugen (Erotik, Komik, Pathos, Jähzorn, Heroik, den Schrecken, die Abscheu und die Bewunderung). Diese Klassifizierung wäre aber auch nicht veränderbar. Denn niemand kann daran zweifeln, dass die Erotik, die Gewalt und der Schrecken nach wie vor die Hauptrolle in den Darstellungskünsten spielen.

In Mermeros' Geste erkenne ich als Zuschauerin jedoch keine dieser Empfindungen wieder. Welche Gefühls- oder Gemütsfärbung verändert sich in mir, wenn ich der Darstellung der geopferten Unschuld beiwohne, die von Lars von Triers' Figur verkörpert wird? Ich sehe Mermeros' Kopf an den Rücken seiner Mutter gelehnt. Ich sehe, wie sich seine kleine Gestalt entschlossen aufrichtet. Ich sehe den Strick in seiner Hand und wie die Hand sich auf die Schulter derer legt, die ihn benutzen muss. Hilf mir, Mutter!, höre ich ihn sagen. Und angesichts dieser Großherzigkeit des Unschuldigen nehme ich in mir etwas wahr, das ich, vor einiger Zeit und an anderer Stelle »seltsame Zärtlichkeit« genannt habe. Wenn die indischen Philosophen die Unschuld als einen der Gemütszustände angesehen hätten, die sich auf der Bühne verwandeln können, dann würde ich sagen, dass das Gefühl, zu dem sie führen würde, sicherlich diese seltsame Zärtlichkeit wäre. Sie ermöglicht es mir, mit dem Sohn im Gleichklang zu vibrieren, sie führt mich zu Medea in einer Weise, die sich völlig von dem unterscheidet, was jede andere Art der Annäherung an sie zur Folge hätte. Und ich beschuldige sie nicht, ich hasse sie nicht, sondern nehme in ihr den stürmischen Aufruhr der Gefühle wahr, die zusammenfließen und keinen anderen Ausgang zulassen, als den, der vorhersehbar war, und ich leide ihn mit ihr mit.

*

Derjenige, in dem es widerhallt, urteilt nicht, deutet nicht, sondern er vibriert. Die Vibration ist ein musikalischer Ton, eine Gemütsneigung, eine Modulation.

Wer die Kenntnis der musikalischen Schlüssel besitzt, kann aus der Ferne handeln, auf *homöo-pathische* (gleich-leidende) Weise. Dort, wo der Klang entsteht, kann man das Verletzte wieder zusammenfügen, das Seufzen mildern, in Gesang zurückverwandeln.

DIE SCHRAMME

Es gibt Gesänge, die im Langzeitgedächtnis bleiben. Musikalische Spuren, die ohne Worte von einem Ereignis erzählen oder einen Ort beschreiben, manchmal nur eine Geste, die eines Messers, das sein Ziel verfehlt, oder eines Stricks, der von ängstlichen Fingern verknotet wird.

Welches Lied haben Mütter gesummt, die ersten Mütter, die ihre Neugeborenen in den Armen wiegen und um Vergebung bitten, weil sie ihnen den Lebensatem gegeben haben, der um einen so hohen Preis bewahrt wird?

Cantum receptaculum, der Ort der Gesänge (der Oden: ᾠδή), das ist der Ausdruck, mit dem Strabon das Ωδεῖον bezeichnet. Welche Gesänge sind nun in den Ruinen der Odeen zu hören? Gibt es überhaupt welche zu hören?

Es gibt Ohren, die nicht auf die Abgründe hören.

*

Lars von Trier: *Medea*

1:02:06-1:02:23

Medea hat den Strick um Pheres' Hals gelegt. Sie hat ihm in die Augen gesehen, als er erstickte, wie eine Mutter es macht, um ihr

Kind zu beruhigen, während Mermeros ihn festhielt. Medea ist auf die Knie gefallen. Die Beine des Kleinen baumeln vor ihrem Gesicht. Medea hebt den Kopf. Die zerrissene Hose lässt einen Teil seiner Beine frei. Sie bemerkt eine Schramme, getrocknetes Blut an seinem Knie. Das letzte Spiel, der letzte Sturz, die letzte Wunde. Das Entsetzen in Medeas Gesicht kann uns nicht gleichgültig lassen. Mich lässt es nicht gleichgültig. Was ist das für ein Gefühl, das mich plötzlich überkommt? Welche Mischung aus Zärtlichkeit und Trauer überwältigt mich, nachdem ich Zeuge des Verbrechens geworden bin, wenn ich in ihrem Gesicht die Unermesslichkeit ihrer Tragödie erkenne?

Ohne Mermeros würde Medeas Schmerz in mir nicht oder jedenfalls nicht mit der gleichen Intensität widerhallen. Mermeros führt mich zu seinem Henker, führt mich in seine Höllen. Das radikale, unmittelbare und absolute Verständnis, das der Sohn, der noch ein Kind ist, an den Tag legt, seine intuitive Klarsicht, übersetzt sich in mir in eine unbegreifliche und ungewöhnliche Zärtlichkeit, die ich als Zuschauerin genieße.

Er ist der Vermittler, er ist der Führer.

Durch seine Vermittlung gelange ich an die Wurzel der Empfindungen. Und dort entdecke ich auch, zu meinem großen Erstaunen, im Keim die Tat und Geste Medeas, und ihre Qualen.

Mermeros führt uns an den Ort, aus dem alle Gefühle und alle Handlungen hervorgehen. Es ist das der Ursprung der großen

Darstellung. Der Ort, an dem Opfer und Henker schließlich in eins fallen.

Mermeros' Geste führt uns zum Ort, an dem das Mitgefühl möglich ist.

Drittes Buch

GESPRÄCHE MIT MEDEA

Medea. Im Boot sitzend. Mit dem Rücken zum Horizont. Abgewandt vom Meer und von allem, was einmal ihr Schicksal war. Die Hände sind nun nutzlos. Der Blick abwesend. Sie wartet auf die Ebbe. Oder vielmehr wartet sie nicht. Es gibt nichts mehr zu erwarten. Von jetzt an: nichts mehr. Sie sitzt also. Sie ist alt geworden. Sie ist zurückgekehrt. Von dem, was das Leben war. Von dem, wie es hätte sein können. Von allem. Wellen? Kaum. Leicht. Ohne Schaum. Sie schmiegen sich an den Rumpf des Kahns, umarmen und tragen ihn wie einen Gast. Wie Tote. Die Augen leer. Ohne Willen, willenlos. Spiegel der Welt wären sie, wenn der Nebel sie nicht trübte. Der Nebel des Morgengrauens. Ihr Nebel vielleicht. Sie weiß es nicht. Sie weiß noch nicht, dass mit jeder Reise ein Morgen anbricht.

Die Bewegung des Boots. Unmerklich. Geräusche? Leises Plätschern des Wassers gegen das Boot.

ERSTER AKT

Medea (alleine)

Wir

Erste Szene

Je suis un re-venant.[*] Ich bin vom Tod zurückgekehrt. Aus dem großen Nichts. Aus der unermesslichen Leere unter dem Schleier. *Je suis un revenant.* Ich bin durchsichtig, gespenstisch, die Worte hängen wie Speichelfäden an den Mundwinkeln. Offen stehender Mund, idiotischer Mund. Den Weg der Rede rückwärts.

Hüte dich vor deinen Wünschen, du, der du mich hörst, denn sie könnten in Erfüllung gehen! Ich wollte an der Oberfläche bleiben, so unerträglich war das Leben darunter. Ich habe es gewünscht. Ich habe es gewollt. Jetzt scheine ich die Gabe oder die Mittel verloren zu haben, unter sie zu gelangen.

So wie jemand erfolglos versucht, fürs Fischen ein Loch im Eis zu machen, rutsche ich, gleite ich aus. Es ist mir unmöglich, es zu durchdringen. Ich habe vergessen, wie man es macht. Und jenes so exzessive, so intensive Gebiet fehlt mir.

---

* Das Wort *revenant* wird hier durch den Bindestrich in seine Bestandteile zerlegt und kann als ein »Zurück-Kehrender« gelesen werden. Ein paar Sätze weiter wird es ohne Bindestrich verwendet und bedeutet »Wiedergänger« bzw. »Gespenst« (A.d.Ü.).

Die Farben sind: dieses Grün, jenes Gelb. Nur die Farben geben mir Halt. Substanzlose Qualitäten. Und das Gold des Sonnenuntergangs.

Bedenke deine Fehler, du, der du jetzt in meine Zelle trittst! Über meine Fehler grüble ich schon seit Langem.

Zweite Szene

Weggehen. Ohne Besitz, außer dem Körper, den man vererbt bekommen hat. Die unverzichtbare Prothese. Fliehen. Vor den anderen. Oder vor dem eigenen Schatten, wenn er die Gestalt der anderen annimmt. Von Ufer zu Ufer. Von Korinth nach Athen, von Italien nach Thessalien, von Phönizien nach Persien und dann wer weiß wohin, ob zurück nach Kolchis oder von der Adria zum Alborán-Meer.

Das Alborán-Meer. Dort ist das Licht grell. Das Wasser tief und klar. Es gleitet in leuchtenden Tropfen über die Haut. Es war eine andere Zeit. Eine andere Geschichte. Oder dieselbe? Sind nicht alle Geschichten gleich?

Vom Bosporus zum Alborán-Meer, wie weit? 3000 Kilometer übers Meer. Nur wenige Zentimeter auf einer Landkarte, viele Jahrhunderte Geschichte, wenige Seiten eines Buches.

Jeder Kreis ist ein Teufelskreis. Wo man auch beginnt, am Ende der Reise findet man sich am selben Punkt wieder. Oder es ist kein Kreis, sondern ein Abschnitt, ein verfluchter Abschnitt, der nicht in sich selbst endet, sondern an einer anderen Kreuzung, wo die Namen sich verlieren, die Bilder sich auflösen, die Atome sich zerstreuen und sich wieder anziehen und Gestalten schaffen, die die Erinnerung festhält.

Festigkeit ist der Wunsch der Materie, eine Zeit lang sich selbst gleich zu bleiben. Ihr Verlangen nach Schlaf. Die Erinnerung, das Maß ihrer Müdigkeit. Die Sehnsucht, ihre Weise zu überwintern, schläfrig zu werden.

Ich weiß wohl, dass alles bisher Erlebte eine erweiterte Strategie war. Ich suchte nach anderen Horizonten, ließ das Ich auf alle Arten tanzen wie einen mit Opiaten betäubten Bären. Ich wusste, dass er mir eines Tages, wenn er aus seinem Winterschlaf erwacht, mit einem Prankenhieb das Nichts und darin den Kummer-Mutterkuchen zeigen würde, der ihn nährt.

Dirtte Szene

Alles vergeht, sagt man, alles wird vergessen. Das stimmt nicht. Manchmal geschieht etwas, das alles verändert. Danach erwacht man jeden Tag mit dem Geschmack von Galle im Mund.

Wie die Lebewesen des Wassers und der Lüfte immer die gleichen Wege gehen, so wiederholt auch er, der Verstand, die Wege.

Ohne etwas Neues zum Weben zieht er sich auf den Faden zurück, dorthin, wo die alte Farbe ist, und versucht sie hartnäckig wiederzubeleben.

Sirene. Σειρήν: die mit Seilen (σειρά) an die Klippen festgebunden ist und so die Seefahrer lähmt. Sirene. Die, die die Zeiten verbindet, die Gegenwart mit der Vergangenheit, das Kommende mit dem Gewesenen, das Begehren mit der Geste, die es zu stillen versucht. Der Verstand ist die Sirene, die die Reise behindert.

– Du liebst die Deinen, ich die Meinen, sagte Kreon.

– Es gibt keinen größeren Kummer als die Liebe, antwortete ich.

Webstuhl innen, Jasons Hand trifft auf meine Hand. Den Schussfaden (*trama*) kreuzen. *Trameare*, sagt man in römischen Ländern: überqueren. Unsere Hände versuchen, die Zeiten einer nun unmöglichen Überfahrt zu verbinden. Wie sollte man sich nicht daran erinnern.

Auf den Wollschnüren, der Regen.

Die erschöpfte Stimme des Sumpfes löst sich im Nebel auf.

Sirene, die Verbindende, die, die im Wunsch den Verlust ausgleicht.

Meine Finger zwischen den Fäden.

Tönend die Saiten, die Fäden, vibrierend die Stränge.

Und der Gesang, still.

Vierte Szene

Steine auf beiden Seiten des Bettes. Um nicht zu fallen. Um sich nicht dem Schwindel hinzugeben, dem immer hungrigen Maul des Nichts. Dies, in der Nacht.

Tagsüber klammern sich die Hände aneinander, die Finger wühlen unter dem Fingernagel nach einem Dorn, den sie sich damals eingezogen hat.

Jedes Ereignis birgt ein Stück Vergangenheit. Schnee, der nie wieder betreten wurde, behält seinen Klang. Und weiter unten der Geschmack von Schlamm, seine gierigen Krabben auf der Zunge.

Niemand, der noch nie mit diesem bitteren Geschmack auf der Zunge aufgewacht ist, weiß, was Bitterkeit ist.

An diesen Orten der Verzweiflung, die andere bewohnten, ohne dass ich es wusste, stehe ich nun vor ihnen. Mit meinen Händen bilde ich eine Schale und sehe zu, wie die Flüssigkeit abfließt. So viel Durst und so wenig oder so verdorben das Wasser!

Ich weiß nicht, welche Kraft, welche organische Wildheit diesen Körper noch an meine Existenz bindet. Das erschöpfte Tier sucht sich einen einsamen Platz und wartet auf das Ende. Es gibt sich auf, es ergibt sich. Welches Ich ist es, das in mir fortbestehen will? Welche Notwendigkeit zwingt mich, weiter Rechenschaft abzulegen?

Viele Leute kommen hier vorbei. Ich sehe sie verloren am Ufer entlang gehen. Sie setzen sich auf eine Seite des gestrandeten Kahns und reden ins Leere. Andere bleiben stumm stehen. Oder stammeln sinnlose Wörter. Ich sehe ihnen von der Klippe aus zu. Manchmal nähere ich mich. Ihr Wahn erheitert mich, ihre Versuche, ihre Ängste und Nöte von sich abzuwerfen.

Ich versuche, eine kurze, spontane Geste zu entdecken, die frei von jedem Urteil und jeder Konvention ist. Eine Bresche, in der das Tier, das wir waren, sichtbar wird. Dann ja.

Vibrierende Saiten. Wieder. Etwas in mir reagiert. Das Eis ist an gewissen Stellen brüchiger, als ich dachte. Manchmal warme Strömungen, unterirdisch. Bald wird die Oberflächenkruste wieder hart. Die Gliedmaßen schützen. Oder das Eis zerkratzen. Um mögliche Stürze zu vermeiden. Um nicht den Halt zu verlieren.

Hin und wieder erzählen mir junge Mädchen oder nicht mehr ganz so junge Männer von ihren Lieben, ihren Hoffnungen, sprechen, reden, bringen sich selbst in Erregung, begeistern sich, weinen, lachen, bereiten sich sorgfältig auf die nächsten Enttäuschungen vor. Wie eifrig bereiten wir, ohne es zu merken, unseren künftigen Kummer vor. – Nicht so schnell!, rufe ich. Die Enttäuschung ist immer proportional zur Erwartung, die Verzweiflung proportional zur Hoffnung. Nichts zu erwarten heißt, am richtigen Punkt zu sein. Nicht so schnell! Alles mit der Zeit! Lass dich nicht drauf ein! Jedes Begehren hat Folgen, jede Zuneigung führt zu Angst und Kummer. Ohne Verlangen zu leben heißt, ohne Angst zu leben.

Aber wie sollten sie auf mich hören? Was wissen sie von all dem?

Gefühle: Anziehungs- und Abstoßungskräfte. Annäherungen und Rückzüge. Triebe, die bei Resonanzen aktiviert werden, aber nicht immer. Oft Irregehen, weil der Wille Richtungen anzeigt und das Verstandesbild begleitet.

Der Verstand ist immer mit etwas beschäftigt: ein Knäuel, ein Strang, eine Naht. Während der Körper geht, schlingert der Verstand mit einem Faden im Mund, bis er einen Punkt findet, an dem er sich verankern kann, und lässt dann wieder los, um weiter zu weben. Hin-und-Her-Naht, Hin-und-Her-Naht: die Wege, Kreuzungen, Handlungen. Eine Handlung ist eine Bewegung; eine Tat ist der Punkt, an dem sich für einen Augenblick der Ruhe die Sedimente ansammeln, die über den neuen Anstoß entscheiden.

Das Hin-und-Her zerstreut die Angst, diesen Makel, diesen Tümpel oder diese widerspiegelnde, wässrige Ausdehnung, diese Angst-Welt, die wie Öl, manchmal unerkannt, unter der Kruste des Lebens liegt.

Jedes Wesen strebt, in seinem Sein zu verharren, sagten die Alten. Deshalb seine Bewegungen, Affekte, Reiz-Reaktionen. Doch über all dem ist es die Gattung, die überleben will, und durch sie das Leben, das bloße Leben.

Anziehung und Abstoßung. Ich weiß schon, dass der Hass, die Wut, der Groll und der Kampf auch Formen des Willens und Arten des Begehrens sind. Wie sich das auflöst, was sich nicht erneuert oder zu lange dauert, so verliert die Kraft, die wir Gefühl nennen, ihren Tonus oder ihren Akzent, und verwandelt sich notwendigerweise in ihr Gegenteil.

Das Begehren ist wie ein Bumerang: Es kehrt in Befriedigung oder Traurigkeit zum Werfer zurück. Traurigkeit: durchkreuzter Wille, unbefriedigtes Verlangen. Hass, Rache: die Form, die die Traurigkeit annimmt, um sich auf das Objekt der Begierde zu projizieren.

Alle Gefühle affizieren die Person, nähren sie, unterstützen sie in ihrer Illusion des Seins, in der Illusion, mehr zu sein als das Bindemittel der Wiederholungen, das illusorische Subjekt einer Erzählung: das Gewand mit seinen Faltungen.

Alle Gefühle wirken an der Fortführung der Unterschiede. Das Universum in seiner Kraftentfaltung zeigt sich im Vielfachen, in der Lichtbrechung eines Vielecks mit unendlich vielen Seiten. Jede Spiegelung ist in seiner Oberfläche gefangen, seiner Vorstellung des Unterschiedlich-Seins. Dennoch sucht jeder nach etwas Früherem, nach etwas, von dem die Sehnsucht das am wenigsten zweideutige Signal ist.

Und so ist der Körper immer hungrig, brennend vor Begierden, so sagt man, die niemals das tiefste Verlangen befriedigen können. So oft verfehlt der Wille sein Ziel. Oder er irrt nicht, sondern verwechselt am Ende die Anziehung mit dem Ziel, und in jedem Objekt, das er begehrt, verliert oder verdirbt er sich selbst, und das Gute wird schlecht, das Geschenk zum Schaden. Vielleicht deshalb, weil der Wille, der das Licht will, den Teil der Dunkelheit, den jedes Licht mit sich bringt, nicht akzeptiert. Der Wille ist von Natur aus blind für die Einheit, auf der die Unterschiede beruhen.

Die Unterschiede sind der unendliche Nachhall des ersten Klanges.

Das Universum ist ein Gewebe aus Klängen. Das Gesetz, das die durch Spannung und Dehnung des Gewebes entstehenden Resonanzen in Ordnung und im Gleichgewicht hält, nennt man Harmonie.

Affekt ist die klangliche Antwort eines Körpers auf den Anstoß anderer Körper. Ausnahmslos alle Körper können affiziert werden. Ihre Affektion hält das Universum in Bewegung.

Liebe, sagtet ihr. Worauf bezieht ihr euch? Auf den Drang zur Paarung? Auf den Mythos, den wir erfunden haben, um diesem Drang eine Dauerhaftigkeit zu verleihen, die er an sich nicht besitzt? Auf die Verbindung, die von bestimmten Affinitäten geschaffen wird? Auf die Trägheit und Gewohnheit, die die Angst bannen? Auf die tausend Formen der Gefühlsduselei?

Man muss die Gefühle identifizieren. Sie von den Meinungen säubern. Sie neu bestimmen.

Der Aufruf zu einem Leben in Liebe, den manch empfindsame Seele äußert, um das Zusammenleben zu verbessern und die Gewalttätigkeit unserer Gattung zu mildern, ist eine unausgereifte Formulierung, es sei denn, man versucht damit das instinktive Verständnis wiederzuerlangen, das die Quintessenz älterer Fähigkeiten war.

Hipparchia von Maroneia verzichtete auf all ihren Besitz, um Krates zu folgen, und kleidete sich in Lumpen. Man sagt, sie schlief bei den Elenden, schmiegte ihren Körper an sie, um sie zu wärmen, und leckte ihre Wunden, wie es die Tiere mit ihren verletzten Jungen tun.

Ich zöge es vor, wie ein nichtmenschliches Tier die Wunden anderer Tiere zu lecken, wie sie es untereinander tun.

Aber das Tier in mir wird älter. Seine Aufmerksamkeit lässt nach. Es misst schlecht die Entfernungen. Es wird langsam. Die Beute entkommt ihm.

Aber der Rest von mir scheint seltsamerweise stärker zu werden. Oder vielleicht ist es gar nicht so seltsam: Die Falten/Gewohnheiten werden härter, mit der Zeit werden sie tiefer. Andererseits ist das Gewebe – Haut, Spinnfaden, Schussfaden – brüchiger.

ZWEITER AKT

Medea

Die Frau

Wir

Erster Tag

Wellengeräusch. Leicht. Rhythmisch. In der Ferne die Silhouette einer Frau. Unsicher geht sie über den Kies. Hin und wieder bückt sie sich, hebt einen Stein auf, richtet sich auf, lässt ihn fallen.

MEDEA: Da ist auch diese Frau. Da sie gebückt geht, würde ich sagen, dass sie alt ist, wenn sie nicht so eine klare Stimme hätte, die gequält, aber klar ist. Seit Wochen – oder waren es Jahre? – versucht sie, sich mir zu nähern. Sie setzt sich nicht neben das Boot. Sie spricht nicht ins Leere. Sie wartet. Manchmal starrt sie mich an, als würde sie mich gut kennen, und sagt: »Ich habe meine Kinder getötet.« Das verwirrt mich. Ich weiß nicht, ob sie versucht, in mir jenes Einverständnis im Unglück zu finden, das bei manchen Menschen das Unbehagen an der Existenz mildert, oder ob sie sich zu mir gesellt, um sich zu rechtfertigen. Sich mit anderen zu vergleichen, ist eine bequeme Weise, die Tragweite seiner Handlungen zu schmälern. »Ich habe meine Kinder getötet, Medea!«, wiederholt sie immer wieder. Normalerweise spiele ich da nicht mit. Das Unglück der Menschen ist so groß wie ihre Unfähigkeit, es zu bewältigen, ihre Unwissenheit und ihr Hochmut so groß wie ihre Gier und ihre Feigheit. Ihre Übel sind mir so vertraut. Ich empfinde kein Mitleid für sie. Aber plötzlich drehte der Wind auf West: dieser Duft von hohem Gras, von Ähren, die sich mit den ersten Sonnenstrahlen erwärmen, dieser Duft, den keine Reise jemals aus meinem Gedächtnis löschen könnte … Ich will nicht die Verachtung unterdrücken, die ich für diejenigen empfinde, die unfähig sind, die Verantwortung für ihre Taten zu übernehmen, deshalb habe ich geantwortet. Was weißt du, was es bedeutet, ein Kind zu töten!?, rief ich. Und ich bemerkte in meiner Stimme dieses Beben aus dem Jenseits, das jeden ängstigt, der sich mir nähert.

Die Frau entfernte sich mit gesenktem Kopf. Seitdem sehe ich sie wie eine gequälte Seele am Kiesstrand auf und ab gehen. Sie zieht Kreise, häuft Kieselsteine auf. Manchmal höre ich sie einen Gesang anstimmen, den sie immer an derselben Stelle abbricht.

Die Frau ist stehen geblieben. Sie neigt den Kopf zur Seite. Hebt in jeder Hand einen Stein auf. Lässt beide fallen. Nähert sich. Sie bleibt beim Boot stehen. Sie spricht kein Wort.

MEDEA: Was weißt du schon davon, was es bedeutet, ein Kind zu töten?!

Die Frau schweigt. Medea betrachtet die Spuren der Möwen im Sand. Dann diesen drahtigen, zitternden Körper.

MEDEA: Weißt du vielleicht, was es heißt, den zu töten, den man liebt? Weißt du es?

DIE FRAU (*traurig, mit leiser Stimme*): Ich weiß von der Galle, die das Erwachen verbittert, und vom Rost, der die Luftröhre zerfrisst, und vom Eis, das die Eingeweide zuschnürt.

Der Schatten der Klippe verschwindet schnell. Das Licht fällt intensiver. Medea beobachtet die nasse Kleidung der Frau, ihre knöchernen Hände, die Art, wie sie sich schüchtern ans Boot lehnt.

MEDEA: Hast du Gewalt ausgeübt?

DIE FRAU: Durch Unterlassung.

MEDEA: Welche Waffe, welchen Zaubertrank hast du verwendet?

DIE FRAU: Die Abwesenheit.

MEDEA: Haben sie dich verbannt?

DIE FRAU: Ich habe mich verbannt... Die Wände waren so hoch. Hoch, so hoch ... Ich konnte nicht atmen. Die Kinder spielten draußen. Oder sie schliefen. Oder, ich weiß nicht ... Die weißen Klammern für die weiße Wäsche, die blauen für die blaue Wäsche ... Das Haus klang leer. Die Wände wuchsen...

MEDEA: Soweit ich das beurteilen kann, ist es deine Seele, die durchbohrt ist; dein Körper, der sich erschöpft.

DIE FRAU (*flüsternd*): Schweig! Es schmerz zu sehr ...

MEDEA: Was schmerzt?

DIE FRAU: Die Erinnerung.

MEDEA: Wozu bist du dann gekommen?

DIE FRAU: Ich will dich kennenlernen.

MEDEA: Du möchtest mich kennenlernen. Möchtest ... mich verstehen? Jedes Verbrechen hat seine Beweggründe, denkst du. Wenn man die Ursache des Vergehens findet, kann man vergeben. Habe ich recht? Und die Mythen sind so vorhersehbar: Gift, Strick, Schwert ... Die Tat und ihre Folgen. Ursachen, Wirkungen, und die Strafe, natürlich. Jedes Verbrechen ist eine Sünde, und wenn man dafür bezahlt, kauft man sich davon wieder frei. So dachten die Griechen. So denken deine Leute. Die Strafzahlung entschuldet uns, sagen sie, sie stellt im Gehege die Ordnung der Gerechten wieder her. Ist es das, wofür du gekommen bist, eine Entschuldigung? Jemand, der noch verwerflicher ist als du, hast du dir gedacht. Jemand, dessen Schuldigkeit niemand in Zweifel zieht. Jemand, der zu den schändlichsten Verbrechen fähig ist. Jemand, mit dem du dich vergleichen kannst. Der Vergleich ist die Anwendung einer einfachen logischen Regel. Glaubst du, du kannst dich so vor dir selbst schützen? Das ist zu einfach, findest du nicht? Zu einfach.

Du denkst: Ich hatte keinen Freispruch. Und du weißt genau, dass die schlimmste Verurteilung die ist, die nicht verkündet wird, die nicht bekannt ist, die nicht geschrieben wird.

Die Frau senkt den Kopf. Über den Flechten, um ihre Füße herum, bilden die Wellen kleine Schaumwirbel.

MEDEA (*sarkastisch*): Oder bist du vielleicht gekommen, um mir zu vergeben?

Mit einer leichten Fingerbewegung zwingt Medea sie, den Kopf zu heben. Sie versenkt ihren Blick in ihren Augen. So viel Undurchsichtigkeit, so viel Verirrung ... Fast erbarmt sie sich, schwankt einen Moment, dann richtet sie sich wieder auf.

MEDEA (*erzürnt*): Ich brauche keine Vergebung. Dein Erbarmen wird in meinem Universum weniger geschätzt als der Schleim einer Schnecke im Schaum des Ozeans.

Zweiter Tag

MEDEA: Was suchst du?

DIE FRAU: Vergebung.

MEDEA: Wer klagt dich an?

Die Frau ist Medeas Spuren bis zur Schwelle einer offenen Höhle in der Steilküste gefolgt. Sie hat sich gegen die Wand fallen lassen. Sie wagt es nicht, hineinzugehen, und sie hat Recht damit, denn hineinzugehen hieße, den umgekehrten Weg der Lava zu gehen, die mit dem Verlangen nach Feuchtigkeit, das alle brennenden Dinge besitzen, zum Meer strömt. Sie weiß, dass sie herausfinden muss, wie sie unter dem Eis brennen kann, um hineinzukommen.

MEDEA (*ungeduldig*): Jeder Schuldige ist ein Sklave. Jeder Schuldige muss sich vor einem Herren verantworten, der die Regeln aufstellt. Wer ist der Diktator in dir, der die Regeln diktiert und von dir verlangt, Rechenschaft abzulegen? Wer unterwirft dich mit der Schuld?

DIE FRAU: Sie. Er ... Alle. Ich weiß es nicht.

Vielleicht war es die Dunkelheit im Stollen. Es gibt Menschen, die ihren Mund ans Loch eines Baumes halten und flüstern. Die neuen Gläubigen sprechen ins Ohr eines Gesandten. Jede Höhle ist ein offenes Ohr und bisweilen, nur für manche, ein Mund, der flüstert. Sie flüsterte, und der Tunnel leitete ihre klanglose Stimme zu Medea.

DIE FRAU: So viele Dinge sind schiefgelaufen. Falsche Entscheidungen haben das Wasser in den Sumpf geleitet. Wie kann man wieder umkehren? Wie kann man das Licht wiederfinden, das Licht, das früher über das Meer glitt? Wie kann man die Irrtümer und die falschen Überzeugungen, die Nachlässigkeit auslöschen? Wenn nur ein Wort oder eine Geste die Dinge wieder ins rechte Licht rücken könnte! Damit der Schmerz des anderen nicht so sehr schmerzt, in dieser Einsamkeit, die jetzt mit so viel Tod belastet ist.

Mit dem vergangenen Morgengrauen ist es nun ein Jahr her. Ich stellte eine Kerze vor sein Bild – eine einzelne Kerze, wie immer. Seine Augen waren so traurig, so leer. Wie viel Entsetzen in ihnen, wie viel Nichts. Wie viel tiefes, unzugängliches Nichts. Er trug den Tod in sich und zeigte es mit einem Schlag. Wic konnte ich das nicht erkennen, ich, die ich einen anderen Tod in mir trug, auf den ich ebenso wenig hörte? Ich hätte den Tod begleiten sollen, ich hätte mit ihm den Berg hinunter in den Abgrund reiten sollen, aber ich wurde aufgehalten. Und er ging an meiner Stelle, zahlte den Preis für mein Leben – das ich seitdem nicht mehr will. In meiner Brust drückt die riesige Klaue fester und fester zu. Sieh nur, wo sie mich jetzt fester hält als je zuvor in meinem Leben. Das ist ihre Macht. Das ist der Nagel in meinem Fleisch.

Seitdem bin ich ein gespaltener Kopf, zweiköpfig, wie Parmenides von denen sagte, die in die Irre gehen, ohne zu wissen, ob ich dies oder jenes getan habe oder ob ich damit aufgehört habe, und es wieder tue, nur für den Fall, beschäftigt mit Vorstellungen, die umherschwirren und die ich versuche zu verfolgen, rational zu verfolgen. Also ordne ich sie neu, ich ordne sie immer wieder auf die eine oder andere Art, bis sie ihre Essenz verlieren, ihren Duft, die Spur, in der wir erkennen, wo sie ihren Ursprung haben. Wie die abwesenden Gesichter, an die man sich so sehr erinnern will, dass sie schließlich verblassen. Mein

Geist ist doppelköpfig und will alte Aromen erschnüffeln, wenn es schon spät ist.

Mein Hals hält den Hohlraum meines Gehirns nicht mehr. Ich weiche Geschossen aus. Tag und Nacht weiche ich ihnen aus. Sie kommen von überall her. Manchmal kommen sie von weiter innen. Sie zischen und krachen mit einem Knall oder fauchen wie aufgescheuchte Katzen. So nehme ich es wahr. Man sagt, wahrnehmen heißt, im Kielwasser eines anderen Wesens zu vibrieren. Man sagt, dass Vögel höher vibrieren als wir. Aber was weiß ich schon von all dem?

So sehr ich mich auch anstrenge, ich kann nicht so schnell – oder ist es so langsam? – vibrieren wie ihr, die ihr tot seid.

MEDEA (*für sich*): Der Körper und die Tränen. Ja. Draußen legt sich der Nebel über alles. Ohne Tagesanbrüche. Ohne Welt außer den schmerzenden Knochen, dem Wasser, das in den Eingeweiden überläuft. Und diese neblige Klarheit, in der nichts mehr zu unterscheiden ist. Ja, dieses Gefühl kenne ich gut.

Sobald die Routine unterbrochen wird, die die Angst zurückhält wie ein Damm das Meer, taucht die Angst auf und macht sich gleich daran, die Spuren aufzusaugen. Sie holt die alten Eindrücke zurück, formuliert sie neu, rekonstruiert sie, und die Füße finden den Schleim wieder, die fruchtbare Konsistenz der Dunkelheit. Ein von Granatsplittern verwundeter Körper, der gegen sich selbst kämpft und verängstigt vor dem flieht, was ihn innerlich verwundet. Oder der sich selbst unbeweglich macht und zitternd auf die Wunde blickt, die Ursachen und ihre Folgen nutzlos im Geist durchspielt.

Unten, weit unter dem Bewusstsein, verbindet sich ein Traum mit einem anderen Traum in derselben Weise, wie ein Schmerz einen anderen hervorruft, und bisweilen verfestigt er die Knoten, die das Durchfließen des Lebenssaftes behindern.

Der Becher, der im Wachzustand nicht geleert wird, muss unten, in der Tiefe des Schlafes, oder noch tiefer, geleert werden.

Medeas Stimme ist nicht bis zur Frau gelangt, die ihre Rede fortsetzt, ohne sie gehört zu haben.

DIE FRAU: Ich habe es nicht gesehen. Ich habe es mir vorgestellt. Jedes Mal, wenn sich die vorgestellte Szene wiederholt, überkommt mich dasselbe Schwindelgefühl, derselbe Druck auf dem Brustbein, der sich im Magen fortsetzt, und die Panik, die Panik vor dem unabänderlichen, unbegreiflichen letzten Augenblick. Diese Panik. Sie besetzt meinen Körper jedes Mal, wenn ich es sage, jedes Mal, wenn ich es denke, jedes Mal, wenn das Gedankenbild auftaucht und die Sequenz neu beginnt. Wieder und wieder ... Es darf nicht gesagt werden. Es gibt Dinge, die nicht gesagt werden dürfen.

MEDEA (*auf uns zugehend*): Da hat sie recht. Alles, was gesagt wird, bildet ein Bild. Die Bilder sind die Nahrung des

Verstandes. Wenn man ihn zu viel damit füttert, wird er fett, der Bilderfresser, und verwandelt sie, pervertiert sie – das ist sein Zeitvertreib –, kombiniert sie auf tausend Arten zu Geschichten, an die man glauben muss. Aber man darf nie daran glauben! Man muss sie gegenseitig neutralisieren. Die Wahrheit der einen Geschichte durch die Wahrheit der anderen. Nicht Wahrheit, sondern Stimmigkeit. Jede Geschichte wird durch ihre Stimmigkeit zusammengehalten. Die richtige Verflechtung, die Konsistenz der Beziehungen, τὸ εἰχός, ihre Wahrscheinlichkeit, wie man in Athen sagen würde.

Die Wahrheit ist Wiedererkennen. Die Wahrheit ist Faltung. Wahrheit und Falschheit sind die zwei Seiten derselben Falte, das Konvexe und das Konkave, das Helle und das Dunkle. Außer im gegebenen Wort und in dem, was der Sprache entspricht, hat weder Wahrheit noch Unwahrheit irgendeine Bedeutung. Was den Himmel anbelangt, so war das nie notwendig. Die Erzählung musste nur wirksam sein. Das Wissen, das im mythischen Raum angeboten wird, ist umfassender und einleuchtender als die flache Logik der Spiegel.

Das Bild ist ein perverser Ort. In ihm wird alles aufgehalten, was weggehen muss. Das Bild unterbricht den Umlauf, es lähmt ihn. Es lähmt uns.

Es ist nicht gut, die Wege wieder zu gehen, die sich verschlossen haben. Ebenso wenig ist es gut, sich an die Gesichter derer zu erinnern, die weggegangen sind.

Die Frau ist aufgestanden. Sie hebt den Kopf, um die Liebkosung des salzigen Winds im Gesicht zu empfangen. Sie hört das rhythmische und dumpfe Geräusch der kleinen Wellen, die in die winzigen Höhlen am Fuß der Klippe eindringen. Den sehnsüchtigen Schrei der Möwen. Zweifel. Sie will sich entfernen, aber in eben diesem Moment ruft Medea sie zu sich.

MEDEA: Wer beschuldigt dich?

DIE FRAU (*stammelnd*): Ich. Ich beschuldige mich.

MEDEA: Wer soll dir vergeben?

DIE FRAU: Ich.

MEDEA: Und wer ist »Ich«?

Dritter Tag

Die Frau hat sich getraut, in die Höhle zu gehen. Sie tastet sich vorwärts und kratzt mit den Händen an den Wänden. Man hört sie murmeln.

DIE FRAU: Wir nehmen so vieles als gegeben hin. Die Zikaden zum Beispiel. Ich sage: Die Zikaden singen. Die Zikaden sind das ununterbrochene Geräusch, das ich wahrnehme, wenn ich still werde. Meistens bemerke ich sie am Hang, zwischen den jungen Kiefern. Ich habe noch nie Zikaden singen sehen. Der Gesang der Zikaden ist für mich nur eine Wahrnehmung des Gehörs. Eines Tages, vor langer Zeit, sagte jemand: Das sind die

Zikaden. Und diese Schrillheit erlangte eine Bedeutung. Jetzt, wenn ich meinem Verstand zuhöre und nicht darauf achte, was er erzählt, dann sage ich: Das sind die Zikaden. Dann ist alles in Ordnung und bereitet mir keine Sorgen mehr. Aber nicht für lange.

Also wende ich mich dem Notizbuch zu. Das Schreiben lässt uns konzentriert sein und im Zentrum finden wir manchmal eine gewisse Ruhe. Das Notizbuch ändert sich nicht. Das Notizbuch ist der Unterschlupf, *le repère*, dort, wo man sich im Selben wiederfindet. Ich weiß schon: Wer oder was findet sich wieder?, wirst du fragen. Nicht vielleicht das Ich – *emé*, *emou*, *emoi* (ἐμή, ἐμοῦ, ἐμοὶ), die deklinierbaren Formen des Ego (ἐγώ), die es nicht ohne Verb, ohne Handlung gibt –, das, was sich immer wieder faltet? Der Wille, sich wiederzuerkennen, ist eine Falle des Ichs, eine weitere, ich weiß schon. Das Ich will Dauer. Dennoch, das Schreiben ist manchmal auch eine Form, das zu hören, was uns vorausgeht.

Medeas Stimme ist nun deutlicher. Sie wird von einem rhythmischen Geräusch begleitet, das an ein Holzinstrument erinnert, das gegen einen Türrahmen schlägt.

MEDEA (*spöttisch*): Was für ein armes Geschöpf, das in seinem eigenen Leib Zuflucht sucht. Tut es dir nicht leid? Ich dies, ich jenes ... Wie breit der Fächer, und welch schöne Falten! Ich mache, ich zerstöre, ich liebe, ich weine, ich bin gerührt, ich schüttle ab, ich löse mich los, ich ... Bewegungen, Antriebe, kein Subjekt.

DIE FRAU: Aber das Bewusstsein, was sagst du zum Bewusstsein?

MEDEA: Nur ein Antrieb mehr.

DIE FRAU: Ist das nicht ein Sophismus? Sprechen denn nicht »Du« und »Ich« jetzt miteinander?

MEDEA: Die Sprache spricht mit gespaltener Zunge, glaube mir. Die Sprache ist Teil des Betrugs. Die Sprache *ist* der Betrug.

DIE FRAU: Aber …

MEDEA (*sie heftig unterbrechend*): Hör auf zu fliehen! Hör auf auszuweichen! Sieh deiner Angst ins Gesicht! Sieh sie an!

Es gibt keinen Zufluchtsort. Versteh das! Nur wenn wir begreifen, dass es keinen Zufluchtsort gibt, hören wir auf, danach zu suchen.

Nimm das Unwetter hin!
Es gibt viele Arten, ein Kind zu töten.
Aber nur eine, sich selbst zu vergeben.

Die Frau schweigt. Sie hockt mit dem Rücken zur Wand. Regungslos. Mit gesenktem Kopf. Wassertropfen fallen aus dem Gewölbe, laufen über ihre Stirn.

DIE FRAU (*schließlich, nach einer langen Stille*): Ich habe meine Kinder nicht getötet. Ich war die Ursache davon.

MEDEA (*zu sich selbst*): Ich war die Ursache … Welche Mutter würde nicht diese Worte aussprechen? Welche Mutter fühlt sich nicht schuldig am Tod ihres Kindes? Welche Mutter behauptet nicht, die nahe oder entfernte Ursache der Geste zu sein, mit der der Selbstmörder seinem Leben ein Ende setzt?

(*Die Stimme erhebend*) Die Ursache … Als ob die Geschichte dort beginnen würde, wo die Erzählung anfängt. Öffne die Augen: Du bist nicht mehr als ein Punkt auf einer unendlichen Linie von aufeinanderfolgenden Punkten.

DIE FRAU: Du sprichst mich los, Medea, du willst mich lossprechen mit deinen Worten, aber …

MEDEA: Wovon sollte ich dich lossprechen? Von deinem dünnen Blut? Von deinen zerschundenen Knochen?

DIE FRAU: Ich habe den Tod nicht kommen sehen.

MEDEA: Man sieht ihn nie. Wir haben ihn in uns. Schau auf deine Hände! Was glaubst du, was durch diese Adern fließt, die sich wie Wurzeln unter der schon durchsichtigen Haut abzeichnen, in den Nerven, die die Bewegung deiner Finger beleben, was zur Farbe des Fleisches unter deinen Fingernägeln führt? Warum misst du dem Leben so viel Bedeutung bei? Vom Augenblick deiner Geburt an atmest du deinen Tod. Gerade das ist es, was deine Kinder dir vergeben müssen.

DIE FRAU: Aber das Leid?

MEDEA: Man fällt nicht ohne Schmerzen auf die Welt. Was sollte schlimmer als das Leben selbst sein?

MEDEA (*zu sich selbst*): Seltsam: Wir halten die Geburt für viel natürlicher als das Sterben. Dabei stürzen wir doch alle bei der Geburt aus eben dem Nicht-Ort, zu dem wir beim Sterben wieder zurückkehren.

Wie sollte man nicht diejenige hassen, die uns stürzen ließ? Wie sollte man nicht diejenige anklagen, die uns durch eine unwirtliche Welt und durch die dichte Finsternis der Unterschiede irren lässt?

Und dennoch, wie sollten wir es nicht am eigenen Leib verstehen, angesichts des Feuers, des Bisses, des unbändigen Lebensstromes, der weiterfließen will, der unendlichen Unschuld des hungrigen Tieres, der Herde, die die Götter zu ihrem Nutzen und Vorteil hüten?

O, Priester aller Glaubensrichtungen, Verräter, Betrüger, was wisst ihr von all dem? Kennt ihr denn vielleicht die Tragweite eurer Worte, ihr Erwählten? Verdrehen sich euch denn nicht die Eingeweide vor Scham, wenn ihr sie fügsam zu den Plätzen führt, wo ihr sie opfert?

Das Kind: die Frucht, die das männliche Verlangen weckt, sich ihres Körpers zu bemächtigen, in ihn einzudringen und den Samen zu säen, der wachsen wird, indem er die Wände ihres

Bauches ausdehnt, die Eingeweide verdrängt, den Puls des Blutes beschleunigt, um sich schließlich seinen Weg durch die engen Gänge zu bahnen, das Fleisch zu zerreißen und – zu stürzen.

Der Sohn. Der den Tod in anderen Gebärmüttern säen wird. In den Schoß der Welt.

»Vergiss mich nicht, Mutter!«, werden die unausgesprochenen Worte sein, die sie aus dem Mund hören wird, der schon nicht mehr atmet. Und sie, die ihn stürzen ließ – ein Sein zum Tode –, wird dem bleichen Gesicht des Todes ihre Brust geben, immer wieder, ihre eisigen Brustwarzen, ihre Brüste schon ohne Lebenssaft. Immer wieder wird sie diesen weißen – bleichen, sagt man – Körper in ihren Umhang aufnehmen, und wenn sie aufblickt, wird sie ihn wieder am Baum hängen sehen oder der schrägen Bahn der Kometen folgen, die ins Nichts stürzen.

Die Frucht fällt auf die Welt, damit der Hunger fortgesetzt wird.

Mmm, mm, mm … Die geliebten Kinder erinnern sich an den Klang einer sanft murmelnden Stimme gleich nach dem Sturz.

Mmm, mm … Wer hat nach dem Sturz aus dem mütterlichen Schoß gesummt? Verhält sich der Schrei zum Gesang wie das Blut zum Wasser oder zur Plazenta: dichter, intensiver? Hat sich meine Mutter an ihren eigenen Sturz erinnert, als ihre verkrampften Schenkel vor Schmerz zitterten?

Warum bei der Geburt nicht lachen, anstatt zu schreien?

Die Unerwünschten verschließen ihren Mund mit einer Nadel, die ihre Zunge durchbohrt. Die Erwarteten mit einem Stein, der in der Kehle rollt. An welchem Ort sollen sie ihre Füße versenken und einen Weg finden, um Wurzeln zu schlagen? Wo die Hinnahme der Erde, die Öffnung ihres Bauches?

Die Amme Erde, nicht Mutter Erde. Nährend und unbarmherzig. Was kann man vom Leben erwarten, das nicht Ungleichgewicht der Gegenteile, Widerspruch, vom Willen anderer vereitelter Wille ist? Bedürfnis und Not.

Wo ist die Kraft, sich dem Lebenstrieb zu widersetzen, ihn aufzuhalten und »Nein!« zu sagen?

Ins Tageslicht stürzen.

Das vom Kind geöffnete weiße Loch.

Vierter Tag

Die Frau hat das Ende des Tunnels erreicht. Er öffnet sich auf einen schwach beleuchteten Raum hin. Ein dünner Lichtstrahl dringt durch einen Spalt in der Kuppel. Er beleuchtet schwach Medeas Umrisse. Sie sitzt vor etwas, das ein Webstuhl sein könnte. Die Frau ist nicht eingetreten. Sie hat sich in die Dunkelheit gekauert. Sie spürt den Widerstand des Felsens in ihrem Rücken. Man kann hören, wie sie mit Mühe die stickige Luft atmet. Dann hält sie den Atem an. Sie wartet mit dem Sprechen, bis sie spürt, dass Medea ihre Anwesenheit spürt.

DIE FRAU: Ich wollte keine Rache. Ich suchte nicht Gerechtigkeit. Sie zahlten den Preis, der mir entsprach.

MEDEA: Wenn wir nicht selbst zahlen können, werden immer andere für uns zahlen. Wenn im Kosmos sich ein Faden löst, trifft es uns alle. Das Weltall ist reine Resonanz. Jeder Schaden in der größten Ferne dröhnt in alle Höhlen hinein und gelangt schließlich zu uns.

DIE FRAU: Ich habe das alles nicht gewollt. Die Wärme des Feuers war angenehm. Wir haben uns wohl gefühlt im Haus. Ich war durstig. Ich suchte Wasser, ohne es zu wissen. Es war vergiftetes Wasser. Ich wollte meinen Durst stillen, ich vergaß den ihren. Oder ich verkannte ihn. Vielleicht war es so. War es so?

MEDEA: Man kann nie sicher sein. Es ist nie so, wie man es sich erzählt.

DIE FRAU: Werden wir fähig sein, uns zu vergeben?

MEDEA: Es geht nicht um Vergebung, sondern um Mitgefühl.

DIE FRAU: Wie kann man mitfühlen?

Fünfter Tag

Medea hat die Höhle verlassen. Mit dem Rücken zum Meer stehend blickt sie auf die Steinwüste, die sich bis zu den Sümpfen erstreckt.

MEDEA (*zu sich*): Der Strick war trocken, meine Hände waren feucht. Sie zitterten.

Ich habe den Strick an den Ast eines Baumes ohne Lebenssaft geknüpft. An einen toten Baum, an den ich den Unschuldigen gehängt habe, der das Gleichgewicht zwischen den Welten herstellen sollte. Zwischen der alten Welt, die nach Blut dürstet und ihr Opfer erwartet, und der neuen Welt, die kommen muss und nicht weniger gierig ist.

Ich habe mich entschieden. Was heißt entscheiden? Das letzte Glied in einer langen Kette? Kann man ein einzelnes Glied unabhängig von den anderen betrachten?

Medea schließt die Augen. Sie schnüffelt wie ein Tier.

Eine leichte Brise, ein zarter Duft, der für einen Augenblick in der Luft liegt, genügt, damit die Gegenwart, dieser unwirkliche und fragile Raum, plötzlich innehält und die Geschichte, die alte Geschichte wieder einsetzt. Jedes Aroma hat seine Eigenheiten. Ströme, die keine losen Fäden oder Enden sind, sondern sich bei jeder Gelegenheit erneut straffen.

Man muss also die Schattenseite wählen können. Denn die Sonne verbrennt und das Licht, das so sicher, so offensichtlich und in sich selbst versunken ist, verwischt die Grenzen und macht es unmöglich, das Sichere vom Eingebildeten zu trennen.

Im Schatten bleiben und darauf warten, dass etwas Dringendes hereinbricht, unterbricht und dem Augenblick die Eigenschaft der Kürze zurückgibt. Das Hin und Her setzt für eine Zeit aus, eine Nicht-Zeit in Wirklichkeit, ein weißes Loch oder ein Zwischenspiel: die Gegenwart. Das Innehalten der Spinne vor dem nächsten Schwung.

Die Frau nähert sich, in ihrer unsicheren Gangart, vor Angst, über die runden Steine zu stolpern. Medea kehrt in die Höhle zurück. Die Frau folgt ihr aus der Ferne. Sie geht nach ihr hinein.

MEDEA: Du hattest keine Wahl.

DIE FRAU: Ich hatte sie.

MEDEA: Nein, du hattest keine Wahl. Was wir Entscheidung nennen, ist nur ein Punkt in der Kette. Ein Punkt, der auf einen anderen Punkt folgt, der wiederum andere Punkte nach sich zieht. Die Entscheidung ist ein Punkt, den wir im Kontinuum der Ursachen und Wirkungen der Existenz als besonders bezeichnen. Sie ist weder das Ende noch der Anfang von irgendwas, sondern nur ein weiterer Punkt. Schuld, sagen sie, »ich bin schuldig«, als ob die Schuld eine Ursache wäre und nicht ein

Gefühl, das aus einer Wirkung stammt. Es gibt keine Schuld. Nur eine Kette von Ursachen und Wirkungen. Jedes Glied ist ein Knoten, in den andere Ketten münden oder den sie durchqueren und so ein dichtes, unentzifferbares Netz bilden.

DIE FRAU: Sie waren unschuldig.

MEDEA: Das sind wir alle. (*Pause*)

DIE FRAU: Es gibt Kreuzungen.

MEDEA: Ja. Es gibt Kreuzungen: der Ort, wo die Wurzel beschließt, eine Ader im Fels fortzusetzen oder nicht, wo der Wind die Seide auf die andere Seite wendet. Der Weg, der den Osten erschließt oder sich gen Norden erstreckt. Aber wer entscheidet? In jedem Augenblick verkleidet sich die Notwendigkeit in den Umständen: im Wie, im Wann, im Wo. Außerhalb der Sprache ist ALLES komplementär. Jede Geste ist die sichtbare Synthese einer komplexen Verflechtung, in die das Schicksal nicht eingreift. *Az-zahr* nannten die Bewohner dieser Küsten die Blume, die auf der Seite des Würfels gezeichnet ist, die das Glück bedeutet.*

DIE FRAU (*mit plötzlicher Arroganz*): Zufall ist das Maß unserer Unwissenheit.

---

* *Zahr* bedeutet auf Arabisch »Blume«. Aus dieser Blume, die auf dem Würfel gezeichnet ist, entstand das Spanische Wort »*azar*«, was somit »Glück« und »Zufall« bedeutet (A.d.Ü.).

MEDEA: Ach ja, ich vergaß: Zufall und Bestimmung ... Die Logik der Rede verwirrt euch. Ihr seid unfähig, die Gegensätze zu vereinen. Zufall und Bestimmung: das Kontrollierbare und das Unkontrollierbare. Die Griechen waren weiser, sie nannten *ananke* die Notwendigkeit, mit der sich die Atome anziehen und abstoßen, und ein Universum ohne im Voraus festgelegte Ordnung bilden und wieder auflösen. Sie wussten, dass das ganze Dasein das Ergebnis einer zufälligen Notwendigkeit ist. Nichts, was geschieht, ist vorherbestimmt, aber dennoch geschieht alles notwendig, entsprechend seinem Gewicht und seinem Maß, entsprechend seinem Klang.

Nein, die Disjunktion ist nicht die geeignete Formel für die Erkenntnis, außer du bist bestrebt, einfach zu ermessen, wie viel Kontrolle du erreichen kannst. Und du irrst dich, wenn du glaubst, dass deine Wissenschaft, wenn sie den Radius der Unwissenheit bis zu den Grenzen der Galaxien ausdehnt, die Schritte weiter nach innen, in diese andere, innere Galaxie leiten könnte, deren unruhige Regungen du Entscheidungen nennst und deren Anstöße du Willen nennst.

DIE FRAU: Es gibt immer eine richtige Entscheidung! Es gibt immer einen richtigen Weg, eine richtige Tat unter all den vielen Optionen, die uns zur Verfügung stehen. Die Freiheit besteht im Wählen des richtigen Weges. Oder gibt es keine Freiheit? Gibt es keine Wahl?

Hunderte von uralten Geschöpfen tobten in Medeas Körper angesichts der hochmütigen Gewissheit, die diese Worte begleitete. Ein abgrundtiefes Grollen, kaum wahrnehmbar, ging dem ruhigen, kalten Anschwellen ihrer Stimme voraus.

MEDEA: Das Richtige, das Falsche ... Glaubst du denn wirklich an den Unsinn, den du verzapfst? Der rechte Ort, der richtige Weg. Ach, Frau, wer hat dir die Zunge verdorben? In all dem ist keine Ordnung. Die Welt ist eine Kloake der Götter, der große Misthaufen der Galaxien. Hier landen jene, die ihre Erwartungen nicht erfüllt haben. Glaubst du, dass deine armseligen Entscheidungen Teil einer Ordnung sind? Wärst du beruhigter, wenn es so wäre? Nun, da du weißt, dass du eine noch so kleine Freiheit hast, kannst du glauben, was du willst. Der Glaube ist der Trost, den die Götter uns gegeben haben, das ist ihre Gabe, ihr gnädiges Geschenk. Glaube also, Törichte, was du glauben willst!

Die Schatten tauchten auf und verschwanden unter der Kuppel. Vielleicht hat die Frau das Geräusch des Weberschiffchens wahrgenommen, seinen regelmäßigen, trockenen Aufprall, obwohl sie wahrscheinlich nicht in der Lage war, herauszufinden, was es war. Der Faden, mit dem wir verwoben sind, muss in tiefster Dunkelheit entwirrt werden.

Nein. Sie kann es nicht bemerken. Sie ist immer noch in ihrer eigenen Geschichte verstrickt.

DIE FRAU: Was willst du, Medea? Warum verwirrst du mich? Vorhin hast du gesagt, dass es keine Wahl gibt, hast mir bewiesen, dass alles bedingt ist. Jetzt sagst du, dass es keine Ordnung gibt.

MEDEA: Das eine schließt das andere nicht aus. Das Gewicht, das du dir zumisst, ist das gleiche, das dich verwirrt.

Sechster Tag

Die Frau kauert unter einem Überhang am Eingang der Höhle und blickt zum Horizont. Blickt auf die Wasservorhänge, die senkrecht aufs Meer fallen. Auf den sich verdunkelnden Himmel. Auf das ausgefranste Licht, das durch die Wolken dringt.

DIE FRAU (*halblaut, wie für sich sprechend*): Der Regen lädt in diesen Breiten nicht zur inneren Sammlung ein. Er fällt abrupt, stürzt herab, während das Licht, das keine Zeit hatte, sich zu verdunkeln, immer noch zwischen den Wolken scheint. Ich sehne mich nach seinem leisen Fallen an den Orten meiner Kindheit. Nach den Spielen im Haus, nach der Wärme des Feuers, nach den Lichtern, die zur Unzeit angehen, nach dem Sturm, der die tägliche Routine stört, nach dem dichten Klang eines stillen Friedens. Ich sehne mich nach der Zeit der Unschuld.

Wieder Boden unter die Füße bekommen, sagen sie mir. Wieder ans Leben glauben. Wie soll man wieder ins Kleid zurück, das einem zu eng geworden ist? Oft habe ich es versucht. Jedes Mal ist es mehr zerrissen.

Wie müde bin ich meines Daseins! Aber welche Hemmung, es aufzugeben! Nicht mehr hören, wie der Wind die Blätter der Bäume bewegt – jeder Baum klingt anders –, nicht mehr die Wolken sehen, das Blau des Himmels, seine Ruhe …

MEDEA: Wir sind schon tot. Wir sind alle schon tot, warum das Sterben fürchten? Du siehst nicht den Tod in dir, weil du ihn Leben nennst. Die Zeiten sind gleichzeitig. Nur für den Verstand, dessen Funktion es ist, Geschichten miteinander zu verknüpfen, hat es eine Zeit gegeben und gibt es eine andere, die noch kommen wird.

Wir sind schon tot. Erstens, weil wir nie existiert haben, außer in eurer Vorstellung, und zweitens, weil ihr nicht verstehen könnt, dass euer Bewusstsein, das »Ich« sagt, das Spiegelspiel ist, das es dem Universum ermöglicht, in Bewegung zu bleiben.

DIE FRAU: Aber der Schmerz und der Verlust!? Wenn wir nicht existieren, warum dann so viel Schreckliches?!

MEDEA: Damit das Rad sich weiterdreht, damit das Rad sich dreht und dreht …

(*Ihr ins Ohr flüsternd*): Lebe, als wärst du tot. Wenn du nichts besitzt, kannst du auch nichts verlieren. Wenn der Schmerz dir unerträglich wird, ist die Zeit gekommen, an den Abgang zu denken. Warum fürchtest du dich vor ihm? Du beschleunigst nur das Rad der Handlungen. Jedes Ding ist die Entsprechung seines Laufs, je nach seinem Klang.

DIE FRAU: Aber wenn wir nicht existieren, warum dieses Leiden? Was ist aus den Anfängen geworden?

MEDEA (*zu sich*): Sie versteht immer noch nicht. Oder hört mir nicht zu. Manchmal frage ich mich, warum ich überhaupt antworte. Ich dachte, in ihr etwas anderes zu sehen. Eine bestimmte Unschuld vielleicht, trotz ihres Alters. Aber die Membran ist so dick, die Tunnel sind so breit …

(*Zur Frau*): Wir existieren, ja, aber nicht so, wie du denkst, sondern so wie alle Dinge im Universum existieren.

DIE FRAU: Ich verstehe dich nicht.

MEDEA: Ich weiß.

DIE FRAU: Was soll ich tun? Oft habe ich alles aufgegeben, was ich hatte, habe das Aufgebaute zerstört, oft bin ich zu neuen Welten aufgebrochen, habe den Schiffbruch in Kauf genommen. Und hier stehe ich nun, ohne Wurzeln, die mich halten, ohne Besitz, zu dir geeilt, als meiner letzten Hoffnung.

MEDEA: Ach, diese beladenen Worte, diese sinnlosen Vorschriften. Wie unerträglich sie mir sind! So wenig zur Verwaisung geneigt, leisten sie so wenig Widerstand. Aber bemerkst du denn nicht? Es gibt nichts zu hoffen, nichts zu entdecken, nichts zu enthüllen, keine verborgene Quelle, keinen Gral. Warum vergeudest du Zeit, danach zu suchen? Die schwache

Seele ist immer bereit, an Wunder zu glauben; die an Visionen und Träumen, Wünschen, Pflichten und verborgenen Wegen fruchtbare Seele. Immer sehnsüchtig, bereit zu flehen und die Arme zu erheben, mit offenen Händen, weit offen – die Hände des Körpers jedoch bilden eine Faust, die vor Hunger schreit.

Öffne die Augen! Es gibt nur Durst, den stechenden Schmerz der Geburt, ihren Schrei und das Davor: ein Atem, der sich unmerklich aushaucht, wenn er uns bewegt, und auf der Haut die salzige Spur der Tränen hinterlässt.

Unter der Haut ist beständig der Durst.

Lass alle Hoffnung fahren! Es gibt nichts darüber hinaus. Niemand wird dich in deinem Tod begleiten.

Um zu wissen, was los ist, vergiss alle Nützlichkeit! Sei Zeuge der Verwaisung! Sei das Gedächtnis des Vergessens! Du kannst dich nicht an die Anfänge erinnern. Du kannst es nicht.

DIE FRAU: Aber...

MEDEA: Nein! Wenn du einen Meister willst, dann suchst du ihn hier vergeblich! Ich werde es dir nicht erlauben. Der Schüler formt den Meister mit seiner Aufmerksamkeit, die von der Erwartung angestachelt wird. Er wählt das Idol – das *eidolon* (εἴδωλον): das Bild -, passt die Stimme, die er hören will, der Person an, legt ihr die Worte in den Mund, und dann glaubt er an sie. Die Sprache ist das Theater der Illusionen, ihr Schleier ist ein Ausschnitt aus der großen Finsternis. Das Hin und Her der eigenen Sehnsucht sind ihre Vorschriften und ihre Paradiese. Wenn du aus diesem Stoff der Lernenden gemacht bist, dann bleibe mir fern!

Man braucht nicht weit entfernte Kontinente zu bereisen, um die Erde zu finden, die uns erträgt. Ebenso wenig braucht man Götter, damit die Bitte erhört wird (der gut dressierte Wille genügt sich selbst) oder um die Stimme zu hören, die aus dem Abgrund hervorkommt.

DIE FRAU: Du isst dich, Medea. Das ist es nicht, was ich will. Ich bin nicht gekommen, um den alten Gesang zu suchen, den Gesang der Mythen, seine Wertvorschriften, seine Lügen, sein fürchterliches Vergessen. Ich sehne mich nach keinem Paradies. Ich suche keinen Meister. Darin unterscheide ich mich nicht von dir!

MEDEA: Was also? Was könnte ich dich also lehren, was dir die Jahre, die Jahrhunderte der Irrungen nicht beibringen könnten? Der Sack, den wir mit uns herumschleppen, wird schließlich löchrig. Was uns wichtig war, geht verloren und am Ende bleibt nur ein unbestimmtes und hartnäckiges Gefühl des Unbehagens. Ich kann dich nicht lehren, was du nicht weißt oder nicht wissen kannst. Ich habe meine Reise beendet. Das ist keine Epoche für Helden. Ein neues Zeitalter bricht an. Neue Zusammenstöße, neue Begegnungen, neue Galaxien. Meine Gottlosigkeit soll als Beispiel dienen. Meine Auflehnung sei ein

Beispiel! Und meine Traurigkeit. Meine finstere, klarsichtige, fruchtlose Traurigkeit.

Ich habe zu viel erlebt. Ich habe die notwendigen Fehler oder Schäden in das große Gewebe oder Spinnennetz eingewebt. Ich habe bezahlt. Ich habe vollendet. Was erwartest du also noch von mir?

DIE FRAU: Hilf mir, Medea! Führe meine Hände, lehre mich auftrennen!

Medea begibt sich in die Mitte der Bühne. Sie wendet sich uns zu.

MEDEA: Ich muss zugeben, dass sie mich in diesem Punkt überrascht hat. Ich hätte nicht gedacht, dass sie mit der Aufgabe zurechtkommt. Die Wut hat mich verlassen. Ich führte sie mitten in die Dunkelheit. Ich setzte sie neben mich. Ich legte ihre Hände auf das Gewebe.

Siebenter Tag

Kontrapunktisch verwobene Stimmen, die sich manchmal trennen und sich schließlich wieder treffen.

MEDEA: Es gibt eine enge Pforte ...

DIE FRAU (*wiederholt halblaut*): Es gibt eine enge Pforte ...

MEDEA: … in die man sich begibt, wenn man kann, mit dem scheuen Körper, der sich später, mit Glück, entfaltet. Eine Öffnung …

DIE FRAU: … oder vielleicht eine Flamme …

MEDEA: … immer entfacht, obwohl oft verborgen …

DIE FRAU: … weil der Verstand beschäftigt ist …

MEDEA: … und mit dem Verstand das ganze Sein, das mit dem Geistigen verwechselt wird, und mit dieser Beschäftigung beschäftigt er sich auch selbst …

DIE FRAU: … abgelenkt somit von dem, was am wichtigsten ist.

MEDEA: Diese Öffnung führt unterhalb des Ichs.

MEDEA und DIE FRAU (*gemeinsam*): In die tiefste Tiefe, dorthin, wo das Ich unerklärbar bleibt.

MEDEA: In mir entfaltet sich die persönliche Geschichte und erhält durch die Wiederholungen die nötige Festigkeit. Alles, was erzählt wird, erhält Gewicht. Die vielen Ebenen, die sich zwischen der Oberfläche und dem Tieferliegenden überlagern, sind die unterschiedlichen Ebenen einer persönlichen Geschichte, die entworfen wird in einer Ordnung, die ebenso willkürlich wie notwendig ist.

DIE FRAU: In der tiefsten Tiefe …

MEDEA: In der tiefsten Tiefe gibt es einen Ort, wo die Kraft wohnt, die die Modi oder Modulationen hervorbringt, die ihr Gefühle nennt. Noch farblos, neutral, ein Keim. Wer mit wachem Bewusstsein in diesen Bereich eindringt, versteht, dass es keinen Unterschied zwischen diesen Modulationen gibt, außer im Klang ihrer Resonanzen. Dann versteht man auch, dass alle Handlungen ein und denselben Ursprung haben.

Jeder kann jeder sein. Jeder Einzelne bestimmt die anderen. Jeder nimmt von jedem anderen, was er braucht. So hält sich der Organismus, der wir alle sind, im Gleichgewicht.

DIE FRAU: Aber um dorthin zu gelangen …

MEDEA: Um dorthin zu gelangen, muss man den Oberflächenlärm beseitigen. Man muss sich von sich selbst lösen. Und dafür muss man zuerst die Vorzimmer aufräumen, oder wie deinesgleichen sagt, die persönliche Geschichte in Ordnung bringen.

DIE FRAU: Deshalb bin ich gekommen, Medea. Dafür bin ich zu dir gekommen.

MEDEA: Jetzt weißt du es also. Von nun an wird dich dein Opfer führen. Sei nur bereit, es zu empfangen.

DRITTER AKT

Dic Frau

Oder vielleicht Medea

Oder, wer weiß, schließlich wir alle

Im Hintergrund die Stimmen von A Filetta, »Medea« (2006)*

Es ist Nacht geworden. Der Horizont wurde immer rötlicher. Unten in der Ebene zeichneten sich seltsame Lichtgestalten zwischen den Schatten ab. Der Schlaf kam. Langsam. Sickerte ins Fleisch, betäubte die Sehnen und das Gehör. Früher muss der Schlaf etwas Vollkommenes und Süßes gewesen sein. Vor den Träumen, vor der Unruhe der Seele, bevor die Bilder zusammenströmten und das bildeten, was wir Erinnerungen nennen. Früher.

Viel Nichts in einer Geschichte zusammengefasst. Taten, Gesten, Wiederholungen. Was sind wir?

Rauschen der Gischt gegen die Felsen der Zykladen. Pfeifen des Windes zwischen den Lamellen eines Fensterladens im Golf von

---

* »A Filetta« ist der Name einer 1978 gegründeten korsischen Vokalgruppe (A.d.Ü.)

Cádiz. *Litany for the Whale*, John Cage, 1980. Die polyphonen Gesänge von Korsika, ähnlich denen von Georgien (das früher Kolchis war), die Seneca in seinem Exil hören konnte. Das sind die Klänge, an die ich mich jetzt erinnere. Und ich wäre außerstande zu sagen, welche ich in diesem Leben gehört habe, welche zu mir gehören und welche nicht.

Die Zeit existiert nicht, sie wird gemacht, und sie ist in gewisser Weise umkehrbar. Das Vorher folgt auf das Jetzt.

Es ist angebracht, den Blick umzuwenden.

Das eigene Wollknäuel wieder aufwickeln.

Von Wohnung zu Wohnung die verlorenen Energien wiedergewinnen. Wieder zurückführen. Umverteilen.

Die Musik der Toten hören. Ihr zuhören. Nicht der Musik, die sie spielen, sondern der Musik, die sie sind. Subtil, viel subtiler als die der Lebenden, die so schwerfällig in ihrer Materie sind. Wir nennen sie ernst, weil wir nicht wissen können, woher sie kommt. Sie ist nur der Hauch eines Willens, der sich dagegen wehrt, zu verschwinden, sich aufzulösen.

– Was ist ganz?

Die persönliche Geschichte heilen. Die Wunde reinigen.

Um die Membran durchlässig zu machen.

Wie armselig die Sprache ist, der Verstand, der Logos, mit dem wir uns anmaßen, etwas erscheinen zu lassen.

Nur Durchsichtigkeit braucht es, um zu wissen, dass sich tief, in der tiefsten Tiefe, das Universum in jedem seiner Fragmente vollzieht. Der Wille ist nutzlos, er kommt hier nicht ins Spiel. Der Wille ist der Hunger, der im Konkreten bewusst geworden ist.

Armer verwirrter Wille. Vernünftig begründet scheint der Hunger weniger Hunger zu sein.

Alles Wichtige geschieht in der Tiefe. Man braucht nicht aufmerksam zu sein. Man braucht sich bloß nicht mehr darum zu kümmern, was oben geschieht und aufeinanderfolgt.

Aus dem Verstand herausspringen also. Dorthin, wo das Nichtwissen herkommt.

Abdriften. Sich treiben lassen. Abseits des Wegs. Abseits der Linie. Abseits des Diskurses. Abseits des Verstandes. Abseits des Textes.

Abdriften. Die Grenze, den Rand, das Ufer überschreiten.

Denn abseits des Textes ist mehr, ist alles mehr. Armer Buchstabe, so ungeschickt das Bewusstsein abseits der Alltagsordnung!

Vertrauen. Das Tier kennt die Pfade.

Den Kopf hoch halten. Den Ort, Punkt oder Keim, der Verformungen erspähen – Lehrling des Windes.

Eine Art Ferne durchdringt mich. Sie dringt schon in mich ein, geht durch mich hindurch.

Der immer hungrige Wiederholer von Antrieben und Wörtern ist endlich zum Schweigen gebracht.

Das Sterben gleitet durch mich hindurch. Es ist ein langsames Boot, das den Schaum anderer Körper in seinem Kielwasser zurücklässt.

Wir sind alle Gefäße, in denen verwandte Seelen zusammenkommen und sich niederlassen. Wie Vögel. Um zu trinken. Ich lasse sie in eurer Obhut, ihr Jüngeren. Sorgt um sie, wenn ich nicht mehr da bin.

Ich gehe fort. Der Geist vernebelt schon, alles beginnt schon ähnlich zu werden. Ohne Unterschiede hat der Verstand keine Aufgabe, er wird schwerfällig, dann schläft er ein und das Beben des Verfalls verwischt die Töne, das Gewonnene und das Verlorene, das Erreichte und das Unerreichte. Und am Ende bleibt von der Bitterkeit nur noch eine leichte salzige Spur auf der Zunge.

Weder Vergebung noch Mitgefühl haben dann noch Sinn. Das ist der Ort des Hungers. Es gibt weder Taten noch Entscheidungen, weder Ursachen noch Wirkungen. Nur noch ein weißes Loch, das gähnt und gefüllt werden muss. Und die Fensterflügel, oben, schlagen über dem Nichts.

Meine alten Sandalen. Das weiche Leder unter meinen Fußsohlen.

Ich folge dem Weg der Ameisen vor dem Sturm.

Etwas, außerhalb von mir, driftet ab.

Jetzt der Sturm. Die Luft wird kühl. Die ersten Strahlen fallen auf den Zeustempel. Unten die durchlöcherten Behausungen des menschlichen Bienenstocks.

Medea. Im Kahn sitzend. Mit dem Rücken zum Horizont. Den Blick verloren. Auf die Flut wartend. Oder sie wartet nicht. Sie horcht. Auf das Wasser, das gegen das Holz schlägt. Auf den sanften Wind. Die Segel? Es gibt keine. Es gibt schon lange keine mehr.

Es dämmert.

UND WAS NUN?

»Vollständigkeit bei allen Dingen bestrebt nur der Gewöhnliche. Unvollendetes ist schön«, hörte Yoshida Kenko den Priester Koyu sagen. »Was immer es auch sei, es bis ins Letzte zu vollenden, das ist schlecht. Was nicht abgeschlossen ist, bewegt, weil es das Gefühl vermittelt, daß Raum für weiteres Wachsen noch vorhanden ist.« (*Tsurezuregusa*, 82)

*

Pascal Quignard schreibt: »In jeder Erzählung muss immer eine Episode fehlen.«

*

Lassen wir immer noch etwas zu lernen, zu verstehen, zu sehen übrig, einen Geruch zum Riechen, ein Buch zum Fertiglesen, jemanden zum Kennenlernen, eine Münze zum Aufheben, einen Horizont zum Erreichen. Leeren wir nicht das Glas, essen wir nicht den Teller leer, schöpfen wir nicht das Schicksal aus, denn was wir hinter uns lassen, ohne es gekannt, gekostet, erreicht, entdeckt zu haben, wird uns auf die eine oder andere Weise zuwinken.

Ich danke Lars von Trier, der wie kein anderer die Abgründe des schwierigen Mitgefühls, die Naivität der Unschuld und den zweifelhaften Nutzen des Opfers ausgelotet hat.